文春文庫

人生でムダなことばかり、みんなテレビに教わった

戸部田　誠
（てれびのスキマ）

文藝春秋

はじめに

本書は2014年5月17日より「日刊ゲンダイ」に週一回のペースで連載中の「今週グサッときた名言珍言」第1回から第100回（2016年5月7日）までをまとめたものです。

これは、テレビ番組中に出演者が発した名言や珍言をひとつピックアップして、そこからその発言者の人となりや思いなどを綴っていくというものです。何気なく発した一言の中にも、意識的、無意識的にかかわらず、その人が生きてきた過去や、現在の思考、将来への希望や不安が反映され、その言葉を選んだ必然性があるはずだと僕は思っています。それを探っていこうというのが本書の試みです。

テレビはもともと、放送されればそれで終わりというジャンルでした。しかし、いま、録画機器の発達やインターネットでの見逃し配信でその環境は変わりつつあります。またネットニュースなどではテレビ番組での発言を切り取り、センセーショナルな見出しをつけ拡散・炎上を狙うことも少なくありません。

だったら僕は同じ「切り取る」でもまったく違うアプローチをしたいと思いました。できるだけ何気ない、誰もが素通りして流れっぱなしになってしまう言葉。それをピックアップしてその背景を探っていきたい、と。そこにこそ、その人の本質が隠されているんじゃないかと思うからです。

そんなことをやるのは「ムダ」かもしれません。

なぜならテレビを通して彼らの「真意」なんて本当のところ、なにも分からないのだから。テレビなんて暇つぶしで見るものなのだから、そんなことをしても「無意味」だと。

けれど、人生で「ムダ」なことを僕に教えてくれたのはテレビです。

そして、その「ムダ」なことや「無意味」なことこそが、実は人生を幸福に生きる上でいちばん必要なこと、また、「ムダ」なことの中にこそ大事なものがあることを、みんなテレビが教えてくれたのです。

たとえ「真意」が分からなくても、「想像」することはできる。そしてその想像に、過去の発言を重ねることで、立体的に見ることができる。それが、僕のテレビの見方であり、芸能人への愛し方です。


本書に登場するのは、明石家さんま、タモリ、博多華丸・大吉、バナナマン、オードリー、永野、レイザーラモンRGといった各世代にわたるお笑い芸人はもちろん、甲本ヒロト、星野源、及川光博などのミュージシャン、中居正広、百田夏菜子（ももいろクローバーZ）といったアイドル、堺雅人、麻生久美子、西田敏行といった俳優、久保ミツロウ、田原総一朗といった文化人、そしてふなっしーのようなゆるキャラまで多種多様なジャンルの人たち100人です。

まったく統一感がありません。

でも、それこそが「テレビ」なのだと思うのです。

どんなジャンルの人たちも、ひとたびテレビに出ると、フラットになる。その多様性こそテレビの魅力であり、魔力です。

ゆるキャラも大御所俳優も大学教授もテレビの中では同等。どんなに〝偉い人〟であろうと、メッキが剝がされ、その人間性がむき出しになる。
テレビは〝すべて〟を映してしまうのです。

なお、本書は、連載で掲載された順番ではなく、50音順に入れ替えました。なのである意味、「タレント名鑑」的に読んでいただけるのではないかと思います。発言の時系列はバラバラですが、本編の内容は時事性よりも普遍性を重視しているため違和感なく読んでもらえるはずです。もちろん、どこから読み始めてもらっても、「ザッピング」的に読みたいところを選んでもらっても大丈夫。様々な見方が許される「テレビ」と同じように、様々な読み方で楽しめることを目指して書きました。

戸部田誠
（てれびのスキマ）

人生でムダなことばかり、みんなテレビに教わった

目次

さ

本文イラスト＝丸山素直
ＤＴＰ＝エヴリ・シンク

人生でムダなことばかり、みんなテレビに教わった

「慌てた人生。生き急ぎ人生」

明石家さんま

（フジテレビ「さんまのまんま」２０１４年12月14日）

「サラリーマンの人の１５０歳分」喋っていると笑う明石家さんま。自らの生き方を「生き急ぎ人生」と形容している。

「生きてるだけで丸もうけ」というのはあまりにも有名なさんまの座右の銘だ。どんな逆境に立たされても生きていればそれだけでいい、「つらい時でも笑ってられる」そんな心持ちを謳った言葉だろう。彼の盟友である村上ショージ、Mr.オクレらは収入がなく食べられなかった時期に「焼肉パーティ」と称し、ご飯だけを炊いて、フライパンの上に「ロース」とか「カルビ」などと書いた段ボールの切れ端を乗せ、楽しそうにそれを取り合ってご飯を食べていたという。さんまはこの話をよく嬉しそうに披露する。そして「ああ、人生こっちだ」と思うときがあると常々絶賛している。

「僕はその時々でハングリーさが出る位置に気持ちを置こうとしてますから、その究極が『生きてるだけで丸もうけ』という言葉に繋がると思う」（※1）

だからなのだろう。どの番組を見てもさんまは全身を使って汗だくになりながらしゃべり続け、身体を躍動させて「クァーッ」と声をからして笑っている。彼が手を抜いている姿を目にした記憶がない。「笑いは戦場や」という自身の言葉どおり、共演者と、スタッフと、そして視聴者と常に戦っている。そして失敗を恐れていないように見える。失敗さえ、いや失敗こそ、笑いに変えられるという確信があるからではないだろうか。その結果、月に2度ハニートラップに引っかかるという笑うしかない事態を起こしてしまったりするのだが――。

失敗を振り返り、自分のダメな部分を悔い改めようと思うことは何度もあったという。けれど「追いつかなかった」と述懐する。

「どうやっても悔いは残るでしょうから。『悔いのない人生を』なんて言う人はね、なにか違うんじゃないかなぁと思うんですよね」（※2）

どんな生き方をしても悔いは残ってしまうものだ。それをいちいち振り返って思い悩んでも仕方がない。
「人生やっぱりやり残すことが嫌やんか、ひとつでも」（※3）
その結果失敗してもいい。さんまからしてみれば「失敗」なんて格好の笑いのネタ振りでしかない。悩んでいる暇があるのなら、ひとつでもやり残すことがないよう、未体験の場所に「慌てて」「生き急ぐ」ように飛び込んでいく。それがさんまの哲学であり人生だ。

（※1）「本人」ｖｏｌ・11
（※2）ＷＥＢ「ほぼ日刊イトイ新聞」２００８年２月７日
（※3）フジテレビ「さんまのまんま」２０１４年11月30日

「イタい子だったんです！」

麻生久美子

（NHK総合「あさイチ」2015年6月5日）

麻生久美子は少女時代、「イタい子」だった。

自分を「日本一可愛い」と信じて疑わずアイドル歌手を夢見ているような少女だった。西田ひかるに憧れ同じ位置にほくろを描いているうちにホントにその部分にほくろが出来て悦に入っていた。一方で家は貧しく、いつも同じような服を着ていた。貧乏で調子に乗っている少女は格好のイジメの標的にされた。比喩ではなく、石を投げられたりしていたという。そんな彼女が当時ハマっていたのは、「道路で寝っ転がって車を停める〝遊び〟」。道に寝転がると暖かく、それが気持ち良かった。そして、車が慌てて停車する様が楽しかったという。もちろん、それを知った母親は激怒。これも比喩ではなくお灸を据えられたり、森の木に縛り付けられ放置されたりもした。貧しかったから、ザリガニをパンの耳で釣り、それを茹でて食べていたというのも有名な話だ。まさに〝天然〟の自然児だったのだ。

出世作となった今村昌平監督の「カンゾー先生」ではそんな自然児の度胸が生かされている。全裸で海を泳ぐヌードシーンに挑戦した麻生。前貼りはしていたがすぐに水圧で取れてしまう。

「どんなにちゃんと貼っても取れるから、もういいやと思って後半は開き直って普通に全裸で立ち泳ぎをしていました」（※1）

そして今村の勧めに従い、当時あまりいなかった仕事の選び方をした。テレビドラマには出ずに映画だけに出るというリスクのある普通じゃない道を、持ち前の度胸と動物的勘で選択したのだ。「あんまりその勘が間違ったことがない気がします」（※2）というように、その異色のスタンスが功を奏し、今や映画界のみならずテレビ界でも欠かせない女優になった。

一方で麻生は「ずっと『普通』に憧れている」（※2）という。「モテキ」映画版で麻生久美子を起用した大根仁は彼女を「ふつうの女性の最高峰」（※3）と評している。女優としての美しさというよりも、「ふつうにいる人だ」「なのに、なんだこのかわいさは」と感じる人だと。
麻生は「べつに凄い役者になりたい」わけではないという。「地味ーーに凄い人」（※2）だと思われたい、と。普通じゃない「イタい」子供時代を送った麻生久美子は普通に憧れ、地味ながらも凄い人としか言い表せない「普通の最高峰」になったのだ。

（※1）「hon・nin」vol・3
（※2）「KAMINOGE」vol・18
（※3）WEB「ほぼ日刊イトイ新聞」2011年10月10日

「未来のことを考えるのが苦痛」

綾野剛

（ＴＢＳ「櫻井有吉アブナイ夜会」２０１５年５月28日）

ＮＨＫ朝ドラ「カーネーション」でヒロインの不倫相手・周防役を演じ一躍、若手を代表する人気実力派俳優となった綾野剛。

子供の頃は、家の中よりも外で遊んでいたという。そこで金槌と釘を使って、洞窟を作るのが好きだった。完成させるのが目的ではない。むしろ完成されたものには興味がなくなった。「破壊と構築を繰り返す行為が好きだった」（※1）というのだ。

「叩けば、必ず少しは削れるし、自分の叩き方もどんどん巧くなる。変化していくことが好きだったんじゃないですかね」（※2）

ひたすら削る事自体に惹かれていた。完成された未来よりも、変化する今が楽しかった。

だから今でも「未来のことを考えるのが苦痛」だと言う。

親友の小栗旬は、以前綾野の自宅を訪れた時、絶句した。その部屋にあったのは一枚のラグマットとクッション、そしてテレビだけ。睡眠をするためだけの場所だったのだ。小栗は「大丈夫かな、この子」と、自然にウルウルと涙がにじんできてしまったという。それに対して綾野は「自分の部屋に物を置けない」理由を「表で（役者を）やって生きてるなって感覚が、どっかで満たされてて、家帰ると目が覚めるんですよ。何もなくてまた早く明日になって、早く現場に行きたいって。それが活力になってるかもしれない」と説明する。

「いま、限りなく幸せなんですよ。その反動が出ちゃうんです、部屋に」(※3)

いま、彼ほど役にのめり込む役者はなかなかいない。「『よーいスタート』と『カット』の間が一番生きてる実感がしますね」(※4)と綾野は言う。昨今、俳優は、〝自然体〟に演じることが良しとされる傾向がある。だが、綾野剛はまったく違う。その人になりきる、というよりも、その人そのものになっていると感じるほど全身全霊をかけてストイックに役柄に憑依し演じている。撮影中に出る番宣番組と撮影終了後に出たときとでは、印象がまったく違うほどだ。

「僕は裏方、役が主役」というのが綾野剛の俳優観だ。思えば、役者という職業は、まさに「破壊と構築を繰り返す」職業だ。「99・8％は変化。0・2％だけは絶対変わらないものが、僕自身が立てる根源になっているものがある」「常に変容、変化、変化。何も怖くない。そこが変わらないから」（※5）。未来など見ない。綾野は子供時代と変わらず今起こる変化を楽しんでいる。

（※1）フジテレビ「ホンマでっか!?TV」2015年5月20日
（※2）「クイック・ジャパン」vol・104
（※3）フジテレビ「ボクらの時代」2014年8月24日
（※4）NHKEテレ「SWITCHインタビュー 達人達」2014年5月3日
（※5）TBS「情熱大陸」2013年7月7日

「俺みたいなもんは罰ばっかりだよ。バチ当たるんだよ、と思って生きてるから」

有吉弘行

（テレビ朝日「マツコ&有吉の怒り新党」2014年5月21日）

「レストランで粗悪な料理を出されたときにクレームを言おうとしたら父親に止められた」という「怒り新党」（テレビ朝日）に寄せられた投稿があった。「こういうとき、クレーム言う？」とマツコ・デラックスから問われた有吉《ありよし》弘行《ひろいき》は「俺は言わない。俺への罰だなって思って食べる」と返し、さらに続けて「バチ当たる、と思って生きてる」と言うのだ。

有吉は自著『嫌われない毒舌のすすめ』の中で、自分には「プライドはない」と言い切っている。

「『僕は最低の人間ですよ』っていう、人間として根っこの部分だけは、キチンと持ってます」（※1）

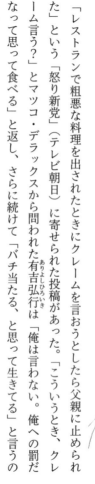

今や冠番組を多数持つ売れっ子になった有吉がそんな心境になったのは、その数奇な芸能人生に由来していることは間違いないだろう。

オール巨人の下へオーディションに合格し弟子入り。だが、わずか半年ほどで弟子失格を言い渡されてしまう。上京し猿岩石を結成すると右も左もわからぬうちに「進め！電波少年」（日本テレビ）に半ば強制的に連行されユーラシア大陸をヒッチハイクで横断。帰国すると知らぬ間にアイドル芸人として国民的人気になっていたが、そのブームは約1年で急速に沈静化。一気に仕事が減っていった。そしてどん底に落ちて猿岩石は解散した。

有吉は「天国と地獄」を見た芸人などと言われることが多い。だが、違う。有吉はまったく肌の合わない弟子時代に地獄を味わい、「電波少年」で地獄のような過酷な旅を経験し、猿岩石ブームで自分の中にまったくない「感動」要素を強いられる地獄に巻き込まれた。そして「つまらない」芸人の烙印を押されて仕事を失う地獄に立たされた。有吉に「天国」なんてなかった。ずっと違う種類の「地獄」ばかり見てきたのだ。

その過程で「『本当の自分』なんてない」（※2）と悟った。守るべき〝大切な自分〟なんてないから「プライド」は邪魔なだけだ。「最低の人間」と思っていれば大抵の「地獄」は自分への「罰」として受け入れることができる。

有吉は当時誰もイジれなかった品川庄司の品川祐《ひろし》に「おしゃべりクソ野郎」と言い放ち再ブレイクを果たした。それは何もかも受け入れる覚悟があったからこそできる捨て身の攻撃だった。

「『すべての人に嫌われてるもんだ』って思って最初からやってるのよ。全員が俺のこと嫌いだろって思いながら」（※3）

有吉の「闇」の正体は「罪の意識」だ。すべてを「罰」として受け入れる覚悟がある有吉の吐く「毒」だから人はそれを受け入れるのだ。

（※1）『嫌われない毒舌のすすめ』有吉弘行（KKベストセラーズ）
（※2）テレビ朝日「マツコ&有吉の怒り新党」2014年4月2日
（※3）テレビ朝日「マツコ&有吉の怒り新党」2011年4月19日

「おならの切れが悪くなった」

石塚英彦

（TBS「ネプ&ローラの爆笑まとめ！2016春」2016年4月2日）

いまや日本を代表するグルメリポーターになった石塚英彦。一方、相方の恵俊彰は、お昼の情報番組「ひるおび！」（TBS）で長きにわたってお昼の顔として君臨している。それぞれが別々の分野でトップの地位を獲得しているが、元々は将来を嘱望されたお笑いコンビだった。そもそもホンジャマカは11人のユニットだった。だが、じょじょにメンバーが減っていき、1989年には恵と石塚の2人だけになった。この頃、ダウンタウンやウッチャンナンチャンといった「お笑い第3世代」がテレビ界を席巻しようとしていた。そして、その次の世代の旗手と目されたのがホンジャマカとバカルディ（現・さまぁ～ず）だった。

93年にはいよいよこの2組が組んだユニットコント番組「大石恵三」（フジテレビ）が立ち上がる。恵は20代最後の年。「ここで行かなきゃ」（※1）と思ったという。だが、あえなくわずか半年で番組は打ち切りが決定した。恵は「戦力外通告を受けた気分」（※1）だったという。実際、ホンジャマカもバカルディもその後、テレビでお笑いの仕事が激減していく。

その時、バカルディはコンビとしてお笑いの核である大竹一樹にはリポーター役などをやらせないことで、お笑いコンビとしてのアイデンティティを守り、再浮上の機会を待った。一方、ホンジャマカは「生き残る」ことを最優先に考えた。幸いにして「関口宏の東京フレンドパーク」（ＴＢＳ）というコンビ揃って出られる番組があったのも大きかった。それさえあれば、あとはそれぞれ一人の仕事も積極的にやっていこうと決めた。それが石塚のグルメリポーター、恵の情報番組の司会につながっていったのだ。

「俺たちの仕事は頼んでくる人が（内容を）決めるんだ」というある先輩の教えが大きかった。「自分たちはお願いされたらやる。逆にお願いされなきゃできない。だから、頼まれた仕事は全部やる。ホンジャマカを頼まれたらいつでもやる」（※1）と恵は言う。その言葉どおり、依頼を受けＴＢＳのネタ番組では実に22年ぶりに本ネタを披露したホンジャマカ。往年のコントを見せつけたあと、石塚が自らのおならネタに対し「切れが悪くなった」と自嘲した。

石塚は誇らしげに微笑んで言う。

「ホンジャマカが港みたいな感覚。今、ちょっと遠洋漁業が長いですけど（笑）、戻ったときに僕を的確にツッコんでくれるのは恵」（※2）

（※1）テレビ朝日「ブラマヨとゆかいな仲間たち アツアツっ！」2016年1月16日
（※2）テレビ朝日「ブラマヨとゆかいな仲間たち アツアツっ！」2012年7月14日

「芸事は団体競技じゃない。芸事は個人競技」

石橋貴明

（フジテレビ「とんねるずのみなさんのおかげでした」2015年9月17日）

とんねるずの石橋貴明の人格形成に大きな影響を与えたのは父親だった。彼が生まれた頃は、会社経営者として商才を振るっていた父親だったが、貴明が幼いころ会社は倒産。それまで裕福な生活をしていた家族は貧乏生活に一変した。それでも、彼の父親に対する尊敬の念は変わらなかった。

例えば『とんねるず 大志』によると父親から「貴明、おまえ、もしどうしても許せない人間がいたとして、なにがなんでも殺したいというのなら、殺したって構わない」という教えがあったという。

「ただ、これだけはよーく覚えておけよ。人を殺して、おまえの気がすんでも、そのあと、おまえを待っているのは刑務所だ。刑務所っていう所は自由はないし、好きなものも食え

ないし、好きな所にも行けない。ましてや、人なんか殺して刑務所に入ったら、一生そこから出られやしない。そのことを全部わかったうえで、それでも人殺したいなら、殺せ」(※1)

子どもながらに貴明は「これは父親が男同士の話をしているんだな」と直感した。父親は常に「自分の人生は自分で責任を取れ」と教えたという。

その教えどおり、貴明は小学生の頃から自立していた。初めてテレビに出演したのもこの頃。視聴者参加番組になんと自ら電話し、小学生にもかかわらず自分一人でテレビ局に行って〝テレビデビュー〟したのだ。

もうこのころから貴明にはひとつの信念が形成されていたのだろう。それが「芸事は個人競技」というものだ。

とんねるずが一躍大きな注目を浴びたきっかけは「オールナイトフジ」(フジテレビ)での「テレビカメラ破壊事件」だろう。「一気!」を歌っている最中、テンションが上がりきった貴明がカメラに近づき、それを激しく揺らすと、スベってカメラごと倒れてしまったのだ。

「シャレになんねえぞ……」

呆然と立ち尽くす木梨憲武の横で貴明は青ざめていた。

さらに同じ年、「ザ・ベストテン」（TBS）では群がるファンたちをかき分け登場するはずが、もみくちゃにされたことでブチ切れ。観客に殴りかかりながら「テメエら最低だ！」と絶叫した。

もちろんこれらの言動に批判が殺到した。だが、一方でとんねるずの〝カリスマ性〟を高めることにもなった。

貴明は「良い気も悪い気も全部背負って人気」「敵がいないやつは味方もいない」（※2）とも語っている。自分の人生は自分で責任を取る。責任を取れるのは自分だけなのだ。無責任な他人から嫌われることなど厭わない。その覚悟と実感があるからこそ、石橋貴明は個人の責任で思い切り暴れることができたのだ。


（※1）『とんねるず 大志』石橋貴明・木梨憲武（ニッポン放送出版）

（※2）フジテレビ「とんねるずのみなさんのおかげでした」2015年9月17日

「あんなにバカバカしいものないですもん。そういう意味ではね、誇りに思ってます」

伊東四朗

（NHK総合「ゆうどき」2014年10月8日）

青年時代の伊東四朗が一念発起して「喜劇役者になりたい」と洋服屋を営む父に伝えても、賛成も反対もされずにただ「ふーん」とだけ言われたという。だから余計に伊東は「頑張らないといけない」と思った。「てんぷくトリオ」として人気を得てテレビなどに出るようになっても、父はやはり「知らん顔」していた。そんな父が、伊東四朗が「シャボン玉ホリデー」（日本テレビ）に出演した時にだけ、生涯で一度切り息子に対して「論評」したという。「植木と出るようになりゃたいしたもんだ」と（※1）。もちろん、植木とは「無責任男」として一世を風靡したクレイジーキャッツの植木等のことだ。

「シャボン玉ホリデー」出演以降、伊東四朗はてんぷくトリオとしての活動を抑制すると、いよいよその喜劇人としての強い個性が開花していく。大きな転機となったのは小松政夫と共演した「みごろ！たべごろ！笑いごろ!!」だ。

中でも「電線音頭」でのベンジャミン伊東のキャラクターは強烈だった。最初にスタッフからその企画を聞かされたときは訳がわからなかった。「なんなの？」と聞いてもスタッフもうまく言葉では説明できない。ただ「2週間後にオンエアですから」と追いつめられるだけだった。思案した伊東は、台本の裏に「こういう衣装にしてほしい」と自ら絵を描いた。あの個性的な風貌は伊東のアイディアだったのだ。

「あれ〝自分隠し〟なんです」（※2）と伊東は言う。

「こういう格好すれば（自分が演じていると）分かんないと思って。あれをやったやつは誰だってことになってもそのうちに忘れられるだろうと」（※2）という思惑があった。だが、それとは裏腹にベンジャミン伊東は大ブレイク。彼の代名詞的なキャラクターにまでなってしまったのだ。

「色んなバラエティで色んなキャラクターが出てきてますけど、あれほどバカなキャラクターはそれ以後ないと思ってますね。あんなにバカバカしいものないですもん。そういう意味ではね、誇りに思ってます」（※2）

あの時、生涯で一度だけ自分を論評した父の年齢を超えた伊東。現在も彼はシリアスな役を演じても、あくまでも「喜劇役者」として舞台に立ち続けている。

「笑いというものは、その時代その時代を映しているものだと思うので、いまのバラエティ、そのほかの笑いを否定する気はさらさらありません」（※3）と現在のバラエティ界の〝父〟のような存在となった今、ただ「ふーん」と言って奮起を促すように後進の芸人たちを見守り続けている。

（※1）テレビ東京「チマタの噺」2016年2月9日
（※2）NHK総合「ゆうどき」2014年10月8日
（※3）『映画秘宝EX モーレツ！ アナーキーテレビ伝説』（洋泉社）

「俺の司会、優しさだけが売りなんだよね」

今田耕司

（テレビ朝日「M－1グランプリ2015」2015年12月6日）

お笑い番組の司会が今田耕司ならとりあえず安心してみていられる。絶対に面白くしてくれるし、スベった芸人もおいしくしてくれる。お笑い芸人からだけでなく、お笑いファンからも絶大な信頼を寄せられているのが今田耕司だ。復活した「M－1グランプリ」にも当然のように再び司会に起用された今田。最下位に沈んだハライチをすかさずフォローし、「優しいですね」と言われると「優しさだけが売りなんだよね」と返した。それこそが芸人仲間やファンから信頼される理由だろう。誰よりも早くフォローし、面白い部分を探し、それを伝えていくのだ。

そんな「優しい」今田だが、若い頃は正反対の側面を見せたことがある。とあるテレビのドキュメンタリー番組で、吉本興業の養成所「NSC」在学中にインタビューされたことがあった。そこで芸人を目指す理由を尋ねられ今田はこう答えている。

「教師への復讐です」

高校時代、今田は厳しい指導で有名だった全寮制の学校に通っていた。だが、そこの指導があまりにも理不尽でツラかったため、脱走を試みたことがあった。自力で2つの山を越えて、ようやく実家にたどり着くと、親に退学を懇願した。母親が本人を連れて退学の手続きに行くと、今では考えられないが、担当の教師は『続けます』と言うまでこの子を殴ります」と実際に今田を殴り始めたのだ。5〜6発殴られ今田はたまらず「続けます」と答えたという。そんなしんどい学生生活を経て芸人になった今田は、NSCの先輩だったダウンタウンに認められ東京進出を果たした。ちなみに浜田雅功もまた今田と同じ高校に通っていた。

今田の座右の銘は「不自然体」だという。

「人それぞれなんだから気を遣いたい。お互いに気を遣いあえば平和」「しんどい時もしんどいって言わない、そういう時こそ楽しくしたい」（※1）

それが「優しい」司会に繋がっているのだろう。一方で、後輩芸人の中には、今田に「冷たさ」を感じている者もいる。例えばブラックマヨネーズだ。「心の温度0度」「その目に何の感情も見えない」と評す。それに対し今田は「当たってるかもしれない」と言う。実は若手時代、スタッフから冷たい目を向けられ傷ついたことがあった。だから全ての後輩を平等に扱うために「ビー玉の目になるよう訓練した」(※2)のだ。今田は相手に対し平等に冷たく、平等に優しい。それが若き日の苦しみ抜いた今田耕司が生んだ気遣い溢れる「優しさ」の正体だ。

(※1)TBS「アシタスイッチ」2012年6月17日
(※2)テレビ朝日「お願い!ランキング」2011年1月25日

「全然面白くありませんね。
ま、いいでしょう。NHKなんで」

内村光良

（NHK総合「LIFE！　人生に捧げるコント」2014年5月8日）

「LIFE！」（NHK総合）で共演する西田尚美が「すごく優しい。何でも許してくれる」（※1）と言うように温厚なイメージのある内村光良。だが、激昂したこともある。それはウッチャンナンチャン初冠番組「ウッチャンナンチャンの誰かがやらねば！」（フジテレビ）の打ち合わせのときだった。ディレクターたちに「生放送でやりたい」と言われて顔色を変えた。

「生放送なら、僕はやりません！」

内村は声を荒らげ蹴るように席を立ったという。ゴールデンタイムの冠番組という若手芸人にとって千載一遇のチャンスを棒に振ってでも作りこんだコントに強いこだわりを持っていたのだ。実際にはコントの合間に生でトークをするという話だったため内村は了承しコント芸人としての地位を確立した。

その後、「ウッチャンナンチャンのやるならやらねば！」、「笑う犬の生活」（以上フジテレビ）、そして「ＬＩＦＥ！」と各年代でコント番組を作り続けてきた。これは「コント冬の時代」と言われるテレビ界において驚異的なことだ。

「ＮＨＫの番組が低俗になっていないか」

２０１４年3月の衆議院総務委員会でのＮＨＫ予算審議で日本維新の会の中田宏衆院議員が「七人のコント侍」などのコント番組を名指しで批判。「人の頭を叩いて笑いを取るようなものではなく、地域性や日本の歴史文化をひもとき、若い人が関心を持てるような番組にしてほしい」と注文をつけた。コントを愛する内村にとってこの発言を見過ごすことはできなかったのだろう。内村は「ＬＩＦＥ！」でＮＨＫの超古株ディレクター・三津谷に扮したコント「ＮＨＫなんで」を作り上げた。ココリコ田中直樹が司会を務めるバラエティ番組のリハーサル中、三津谷が登場。

「非常に低俗な雰囲気、これはまずいですね。ＮＨＫなんで」「ＮＨＫには『日本各地の地域性や、さまざまな歴史や文化をひもとくような番組』を放送する義務がある」「ギャグはNHKではいりません、民放でやってください」「いくら怒ったからといって、人の頭をバコバコ叩くのはやめていただきたい。NHKなんで」と、中田議員の発言を思わせる注文をつけ、番組の内容を「NHKらしい」ものに変えていく。内村はコント批判をコントで笑いにするという形で答えたのだ。

今、テレビでコントをやるのは茨の道だ。だが、内村はデビュー以来現在に至るまでコントにこだわり続けている。年齢を重ね、「最近そういう役ばっかり振られるようになった」(※2)というように、いつしか内村の醸し出す〝哀愁〟が武器になった。

「くたばるまでやっていたい」(※3)

内村光良は、コントに芸人人生を捧げている。

(※1) NHK総合「土曜スタジオパーク」2014年5月10日
(※2) NHK総合「あさイチ」2013年6月14日
(※3) WEB「ORICON STYLE」2012年11月23日

「あの天野くんをないがしろにした姿が、僕は許せないんです」

ウド鈴木

（フジテレビ「エニシバナシ　芸人縁旅」2014年9月29日）

いまやフジテレビを代表するバラエティ番組である「めちゃ×2イケてるッ！」は、同局の伝説の番組「オレたちひょうきん族」のような番組を目標に立ち上げられた。だから当時の若手有望株を集結させたいという思いがあったという。そこで白羽の矢が立ったのがキャイ～ンだった。彼らと仲が良く、既に番組への参加が決まっていたよゐこの濱口優に出演交渉が託された。

しかし、ウド鈴木は「ぐっちょん（濱口）の頼みでも僕は聞けません」と頑なに断ったのだ。なぜなら、「めちゃイケ」につながる深夜番組「新しい波」で最愛の相方である天野ひろゆきが「ないがしろ」な扱われ方をしたからだ。キャリアも実力も同等な若手芸人が集められて行われた大喜利企画。そこで天野は大喜利に参加させてもらえず座布団運びをやらされたのだ。裏で悔しがる天野を目の当たりにしたウドはこのスタッフとは一緒にやれないと固く誓った。だから親友・濱口の頼みにも「許せない」と拒み、ゴールデンのお笑い番組という大きなチャンスを棒に振ったのだ。

「国民的バカ」などと評され一見何も考えてないようなウドだが、「コンビ」に対するこだわりとその嗅覚は誰よりも強い。若手時代は、ウドの強烈な個性ゆえ「ウドのみで」というオファーが殺到した。だが、ウドも当時のマネージャーもコンビ揃っての出演しか受けなかった。そんな中、唯一の例外があった。それがラジオ「キャイ〜ン天野ひろゆきのMEGAうま！ラジオバーガー!!」（ニッポン放送）だった。マネージャーはやはり二人で出演させようとしたが、天野がラジオをやりたいという夢を持っていることを知っていたウドは「これは天野くんのチャンスなんです」「天野くんが評価されて夢の枠をいただいたんですから、ボクが出ることはできません」（※1）と頑なに断り続けたのだ。ウドには確信があったのだろう。このラジオがキャイ〜ンを大きくすると。実際に天野は力をつけ、キャイ〜ンはウドのキャラクターだけに頼らないコンビに成長したのだ。

「キャイ〜ンは天野くんがすべてですから。天野くんあってのキャイ〜ン、僕はなんにもやってなくて、全部、天野くんなんです」（※1）

ウドは自分をもっとも上手く操ってくれるのが天野だということを嗅覚で知っていた。だからコンビの形にこだわり続けた。ウドが裏で天野を過剰な愛情で支え、天野がウドの魅力を表に引き出す。それがキャイ〜ンの最強の方程式なのだ。

（※1）『天野く〜ん！』ウド鈴木（マイナビ新書）

「俺はホントに自分は優しいと思ってます。でも、ちょっと人と違った優しさがあるのかなと」

蛭子能収

（フジテレビ「優しい人なら解ける クイズやさしいねＳＰ」２０１５年11月３日）

いまや蛭子能収といえば「クズ」キャラが定着した。様々な〝説〟を検証する「水曜日のダウンタウン」（ＴＢＳ）でも「蛭子能収を超えるクズ　そうそういない説」が提唱されたほどだ。そんな蛭子が「優しい」人なら答えられるクイズに挑んだ際に「俺はホントに自分は優しいと思う」と漏らしている。ただその優しさの種類が人とちょっと違うだけだと。

蛭子の〝本職〟はマンガ家である。独特なヘタウマな画風で暴力あふれる不条理マンガを得意としている。そこで自分をイジメた同級生や上司たちを徹底的に痛めつけ殺していた。そんな狂気的な作風が一部の読者から熱烈な支持を受けた。やがてマンガのファンだった柄本明から劇団東京乾電池のポスターを依頼され、劇団に出入りし始めると、誘われるままに舞台に出演。それがきっかけになって80年代後半から「笑っていいとも!」（フジテレビ）などに出演し始めた。当時は数多くの文化人がバラエティタレントとして起用されていたのだ。蛭子は「ヘタウマ（ブーム）でマンガ家になれて、〝素人の時代〟でテレビに出れた」（※1）と自らの経歴を振り返る。その言に倣えば、〝むき出しの本音〟が受けるいまの時代に蛭子はまたもピッタリハマって再評価されているのだ。

とにかく蛭子は正直だ。例えば、かつて「スーパーJOCKEY」（日本テレビ）などではパンツ一丁で「熱湯風呂」に入れられていた。その頃を振り返って「同窓会に行くたびに、みんなから『あんな情けないことやんなよ』とか言われてたんです。だけど1日でね、その人たちの月給を稼ぐんですよ。だから、やめられるわけないでしょ」（※2）と身もふたもないことを言う。他にも「子どもがあんまり俺は好きじゃなかったです。自分の子どもをほしいと思ったことは1回もないんですよ。ホントに正直に言うと、産まれたからといって、それがかわいいとか、そういう感覚は全くない」「数々の葬式にもいきましたけど、本当にね、悲しい気分になったこともほとんどない」（※3）と彼の「クズ」発言は枚挙に暇がない。だが、それはキレイ事に逃げないということだ。その自由なまでのバカ正直さがいま支持されているのだろう。

蛭子が大事にしているのはいかに「自由」に生きられるか、だ。「僕自身が自由であるためには、他人の自由も尊重しないといけない」(※4)と自著で綴っている。それが蛭子流の「優しさ」だ。

(※1)NHKEテレ「ニッポン戦後サブカルチャー史Ⅱ」2015年10月30日
(※2)TBS「櫻井有吉アブナイ夜会」2014年4月17日
(※3)TBS「水曜日のダウンタウン」2014年11月12日
(※4)『ひとりぼっちを笑うな』蛭子能収(角川oneテーマ21新書)

「ボクなりの企業努力！」

及川光博

（テレビ朝日「プレッシャーSTUDY」2014年7月3日）

思えば、及川光博は不思議なタレントである。ようやく近年になり「相棒」（テレビ朝日）の神戸尊役という〝代表作〟を手にしたが、それまではずっと〝代表作〟と呼べるものはなかった。にもかかわらず、芸能界に強烈な存在感と違和感で生き続けている。いわば、〝代表作〟は「ミッチー」というキャラそのものだ。

「ナルシストだと思う人」にダントツで1位に選出されたうえ、高橋英樹に「一人だけ足組んで座ってる」と指摘されると及川は「ボクなりの企業努力！」とサラッと切り返してキラッキラの笑顔を振りまく。徹底してキャラを貫いている。

「モテるっていうのは理由があるんですよ、すなわち、サービスすること」（※1）というようにサービス精神旺盛なミッチーは幼い頃からモテモテだった。幼稚園の頃には女児が彼を取り合い大問題に発展するほど。小学生で付いたあだ名は「キザオ」。成績がいい、ルックスがいい、女子にモテモテ、先生たちにえこひいきされまくりだったという。中学ではファンクラブが結成されバレンタインデーには長蛇の列。ミッチーは学校のスターだった。父親はPTA会長、本人は生徒会長。まさに漫画に描かれたような男だ。当然のように妬んだ男子たちからの〝明らかに自分が劣っているっていうことを大声で叫んでいるかのような〟イジメの洗礼を受けた。父親からの「一流以外は全てクズ」という教えに反発しながらも頭の中では二流三流をバカにしてそのイジメに耐えていた。

「なぜ人は友人同士や同級生であっても、相手に劣等感を押しつけ優位に立とうとするのか。なぜ優越感を抱くために、相手の足を引っ張ろうとするのか」（※2）と思い悩むようになっていった。

だから及川が三島由紀夫を始めとする日本文学や、寺山修司や美輪明宏など耽美なアングラ表現に惹かれていくのは自然なことだった。そこで学んだのは自意識を美意識に昇華させる方法だった。「ただのルックスがいい男として世間に出て行くのはプライドが許さなかった」（※3）及川のナルシシスティックな自意識が美意識に変わり「ミッチー」という唯一無二なキャラをつくり上げたのだ。

「僕は、美に対してハングリーであって、そのためなら惜しみなく見世物になりましょう。ただし、誇りは捨てないよ」（※3）

及川光博の唯一の逃げ道であり、誇りを保つ方法が〝美〟意識過剰な「ミッチー」というキャラを演じていくことだったのだ。

（※1）日本テレビ「未来シアター」2013年11月8日

（※2）「週刊プレイボーイ」2013年4月22日号

（※3）「cast」vol・17

「大学時代でもう精神年齢的には止まってるんですよ」

大泉洋

（フジテレビ「ボクらの時代」２０１４年５月18日）

「だまれ小童！」

NHK大河ドラマ「真田丸」で青年時代を演じていたからとはいえ、もう40歳を超える

というのに、そんな罵りを受けても違和感のないのが大泉洋である。彼はいまだに〝若僧〟のイメージが消えない。

「年齢を感じさせないですね」

ある時は、10歳近く若い柴咲コウにそう言われると、大泉は「アハハハハ」と大げさに笑って、「大学時代でもう精神年齢的には止まってる」と自嘲するのだった。

その大学時代に大泉洋の人生は大きく変わった。小学生の頃から面白く目立っていた大

泉は女子にモテモテだった。女子が好きな人を問われると「大泉洋」と答えれば無難というくらいの存在だったという。だが、中学～高校になると「面白い」だけではモテなくなり、人前に立ったりすることが嫌になっていった。大学受験に失敗し、東京の志望大学に行けず北海道の大学に通うことに。失意の大泉は導かれるように演劇研究会に入会した。そこで結成されたのがTEAM NACSだった。初めての舞台でいきなりウケた。ウケなくてもいいところでもウケた。その頃から大泉は存在自体に〝可笑しみ〟を持っていて、まだその〝笑気〟を制御できなかったのだ。演劇を続けていくうちに鈴井貴之と出会い、鈴井とともに在学中から北海道のローカル番組「水曜どうでしょう」(北海道テレビ)に出演を始めた。大泉の持つ〝可笑しみ〟は程なくして道民に受け入れられると、ローカル番組としては異例の拡がりを見せ、日本全国に伝播していった。「ただの北海道の大学生」だった大泉がいつの間にか国民的人気を手にしたのだ。

大泉が常に意識しているのは「北海道の人がどう見るか」だと言う。北海道の人たちが見たときに恥ずかしい思いをさせたくない、と。だからいつも自分の実力よりもちょっと背伸びした仕事に挑戦してきた。北海道を出て萎縮していると思われたくなかったからだ。そして軸足が北海道なのは今でも変わらない。多忙を極める中でも大学時代から始めた演劇ユニットTEAM NACSにはこだわり続けている。

「大学からの学園祭みたいなノリで今でもこうやって仕事をしている。こういうところに、みんな自分たちの憧れみたいなところを重ねて応援してくれているのかなと」（※1）

だから大泉洋はいつまでも精神的には大学生の〝若僧〟であり続けている。

（※1）NHK総合「スタジオパークからこんにちは」2010年8月6日

「（三村は）俺に憧れてる」

大竹一樹

（TBS「A－Studio」2015年9月4日）

「オイッ！」

それが、さまぁ～ずの三村マサカズが大竹一樹に初めてツッコんだ瞬間だった。高校2年の時に受けた化学の実験の授業だった。そこでたまたま同じ班になった二人。三村は暇を持て余してプラスとマイナスのワニロクリップをつなげて遊んでいた。すると大竹がこれ以上電圧を上げてはいけないというラインを越えてつまみをひねり、その機械が爆発した。その時に思わず発したツッコミだった。

「小手先じゃなく出た魂の叫び。その瞬間からずっと変わってません」（※1）というように高校の時に出会い、この化学の実験を経て急速に仲の良くなった二人の関係性はずっと変わらない。

「高校時代の大竹はやっぱ、言葉を作るのはホントおもしろいなって。言葉の作り方とかしゃべりかたとかが、しばらく勝てないヤツ出てきたかな、初めて」(※1)と三村は思ったという。

いまだに三村は大竹に「服が変」などと言われると深く傷つくという。なぜなら「俺に憧れてる」からと大竹は言う。その憧れこそがさまぁ〜ず最大の武器だ。

コンビを結成した二人はすぐに頭角を現した。結成からわずか5年足らずでホンジャマカとの冠番組「大石恵三」(フジテレビ)がスタート。順風満帆かと思われた。しかし、この番組が終わると同時に次々と他のレギュラー番組もなくなり、冬の時代に突入する。程なくして「ボキャブラ天国」(フジテレビ)によって興った「ボキャ天ブーム」が業界を席巻。「ボキャブラで俺、全員に抜かれた気がした」(※2)と三村が振り返るように、自分たちよりキャリアが浅い芸人たちが人気者になっていく一方で、彼らはそのブームに乗れなかった。出演のオファーを最初に断った手前、その後も意地で断り続けたのだ。

ほとんどテレビでのお笑いの仕事がなくなってしまった。来る仕事はレポーターのような仕事ばかり。三村はそれを絶対に大竹にはやらせなかった。

「コンビの笑いの部分を担ってるやつが、顔も映んないようなレポーターの仕事とかラー

メン食っておいしいですねとかやってたら、コンビとして終わるから」（※3）

大竹が「普通の人」になってしまうのを、自分が「見たくなかった」のだと。三村にとって大竹は憧れの存在であり続けなければならなかった。それがコンビとして生き残るための絶対条件だった。

やがてレポーターの仕事などで力をつけた三村の「〜かよ！」という単純なツッコミが注目を浴び、さまぁ〜ずはブレイクする。そのツッコミは、憧れの大竹に対する「小手先」ではない「魂の叫び」に他ならない。

（※1）「ＴＶ Ｂｒｏｓ．」２０１０年１月９日号

（※2）フジテレビ「ボクらの時代」２０１５年９月６日

（※3）「クイック・ジャパン」ｖｏｌ・74

「冗談で言えば何でも済まされると思ったら大間違い」

太田光

（TBS「サンデージャポン」2015年7月5日）

「お前だよ！　お前が一番それじゃねえかよ」

爆笑問題の田中裕二は、「報道圧力」問題に対して「冗談で言えば何でも済まされると思ったら大間違い」と相方の太田光が自分のことを棚に上げて放ったボケにすかさずツッコんだ。

太田は「僕はね、心の中で『口は災いの元』って思った回数、世界一多い」（※1）と自らが笑って語るように自他ともに認める暴言芸人である。それが原因で度々問題になり、ネットが炎上するのも日常茶飯事だ。もちろんそれは〝あえて〟問題になりそうな言葉を選んでいるのだろう、と予想されるが本人曰く決してそうではないという。

「みんなが楽しんでくれるだろうって100％思っているんです、言う時は。で、言い終わらない内にそうじゃないって気付くんです（笑）」（※1）

だから、言い終わるとき、いや言っている途中には既に後悔して落ち込んでいるというのだ。

カツラ疑惑のある相手に「着脱式で便利でしょ？」と言ってみたり、アイドルに「初潮は来たの？」などとセクハラ発言をしたり、みんなが忘れかけている数年前のスキャンダルをネタにして蒸し返してしまったりと、太田のボケは言ってみればいつも野暮で無粋だ。けれど、そうならざるを得なかった。それはあまりにも偉大なビートたけしという憧れの存在がいたからだ。

「〝粋に生きる〟ことが許されるのは、本物だけ」（※2）だと太田は言う。もちろん〝本物〟とはたけしのことだ。だが、〝偽物〟である自分にはそれは許されないと。

「不粋に、野暮に生きることだけが私の道だと思っている。そしてそれこそが、〝ビートたけし〟が絶対にやらないことで、唯一私が〝ビートたけし〟の亜流であることから解放される可能性を感じられる突破口である」（※2）

だから太田は、事件現場で嬉々としてピースサインをしたり、成人式で暴れている若者と変わらないと「バカッター芸人」を自称する。それを体現するように太田は、冗談では済まされないような暴言を吐いて周囲を困惑させ続けているのだ。

「俺は自分が何か言ったことに対して無視されるのが一番ツラいの。だから『死ね!』でも何でも反応を見たい。(その反応見て)ヘコむの。だけど、無反応だったらもっとヘコむの!」(※3)

その姿は無様かもしれない。けれど、それこそが〝本物〟を超える唯一の方法なのだ。

(※1)テレビ朝日「ストライクTV」2014年3月24日
(※2)『時効』北野武(ソフトバンク文庫)所収の解説
(※3)日本テレビ「しゃべくり007」2011年1月24日

「（爆笑問題の太田を）扶養家族にしました」

太田光代

（フジテレビ「ライオンのごきげんよう」２０１５年２月17日）

太田光代といえば、爆笑問題の太田光の妻で、今や日本エレキテル連合など多数の人気タレントを抱える事務所「タイタン」の女社長だ。

爆笑問題は一度不遇の時代を送っている。デビューしてすぐ「ツービートの再来」などともてはやされて注目された。だが、事務所移籍問題で〝干され〟仕事を失った。そんなとき、家計を支えていたのが妻である太田光代なのだ。男のプライドは二の次。なんとか生活していかなければならない。だから勉強し少しでも節税するため太田を「扶養家族にした」という。

光代は元々芸人である。事務所の若手が集まって合同コントをやろうという企画で二人は出会った。その打ち合わせを光代のアパートで行うことになった。打ち合わせが終わっても太田は最後まで帰らず結局、居着いてしまう。そして、そのまま結婚したのだ。

爆笑問題が干され仕事がなくなると全く働こうとしない太田に対し、田中裕二はコンビニのバイトを生き生きとこなしていた。「田中の働きっぷりを見ていると相当不安になりましたね、私」（※1）。田中がこのまま芸人を辞めてしまうかもしれないと思った光代は、遂に自らが爆笑問題をマネジメントするために事務所を作ることを決意する。自分の芸人としての夢を捨て、夫・太田の才能に賭けたのだ。もちろん会社経営のことなど分からない。だから一から勉強した。

「私が取ってきた仕事は絶対にやること」（※2）

それが条件だった。彼女の戦略はことごとく当たり、爆笑問題は復活した。仕事は順風満帆。だが、反比例するように夫婦生活では、夫からの愛情表現が減ってしまった。最初の頃は「纏わりついて」くるような〝甘えん坊〟だったが、今ではスキンシップがなくなり、キスすら「20年ぐらいしてません」（※3）という。

だから光代は夫に不満をぶちまける。

「なんなのよ！　自分から居着いたくせに！　好きとか言わないし！　愛してるとも言わないし！」（※4）

日本エレキテル連合には「何があっても私が守る」（※5）と言ったという光代。その思いは太田へも同じ、いやそれ以上に強いものがあるだろう。事実、なりふり構わず支えてきた。だからこそ、なりふり構わず愛を叫ぶのだ。

「『死ぬ時言う』って、死ぬ時なんてそれどころじゃないわよ！　死ぬだけよ！『好き』とか『愛してる』とか言いなさいよ！　いい加減にしなさいよ！」（※4）

（※1）ニッポン放送「ズバリ！ラジオ」２０１２年11月2日
（※2）『爆笑 夫婦問題』太田光代（幻冬舎文庫）
（※3）日本テレビ「ナカイの窓」２０１４年7月9日
（※4）フジテレビ「ライオンのごきげんよう」２０１５年2月17日
（※5）ＮＨＫＥテレ「仕事学のすすめ」２０１２年10月25日

「みんなには
ポンコツになって帰ってきたって言われます」

岡村隆史

（NHK総合「プロフェッショナル 仕事の流儀」2015年10月26日）

2010年、ナインティナインの岡村隆史は精神が蝕まれて休養に追い込まれた。「僕は思いっきり逃げたんですよ」「その時辞めようと思いましたから、芸能界」というように、そのまま復帰できずに引退という道も危惧されていた。しかし、わずか5ヶ月ほどで奇跡的に復活した。それまで「ストイック」を絵に描いたような芸人だった岡村が「ポンコツになって帰ってきた」のだ。

岡村が精神を病む直接のキッカケになったのはある舞台の仕事だった。5人の脚本家が岡村を素材に描くオムニバスの一人舞台。岡村自らが志願した大きな挑戦だった。上がってきた脚本を2日間かけて直して仕上げようとしたときに異変が起きた。集中するためにノイズキャンセリング付きのヘッドホンをして角砂糖を舐めながらひたすら一睡もせず脚本を直していると、気づいた時には2日経っていたという。その後、まったく眠れなくなってしまった。

言動もおかしくなっていく。「相方、お金ないねん」などと急に意味不明なことを強迫的に繰り返すようになった。それをのちに岡村は「いろんなブームが来た」（※1）と表現し笑う。その後も、「俺臭ないか?」ブーム、「空前の戦後最大級の甘いもの」ブーム、「じっとしてられない」ブームが訪れた。そんな文字通り人間としてポンコツな状態になってしまった岡村に相方の矢部浩之は苦渋の決断を下し入院させた。

そして半年間の休養中に岡村はだんだんと考え方が変わっていった。それまでは、番組でスベったり上手く行かないことは全部自分の責任だと思っていた。それが芸人としてのプライドだった。だが、番組は岡村一人で作るものではないという当たり前のことに気づくことができた。

「俺だけのせいやないよ、連帯責任やん。俺だけの番組やないんやからみんなの責任っていうふうに思って。もう反省をせずに終わったことだから次進もうって思うとフッと楽になった」（※2）

芸人として完璧さを追求した結果、精神を病み人間としてポンコツな状態になってしまった岡村。だが、今はポンコツな人間味をさらけ出すことで、芸人としてひと回り大きくなった。

「とんでもない地獄を見たわけですから、それを見た分、笑いを提供していけるんじゃないかって」（※1）

病気さえ笑いに変える力を身につけた岡村は強い。

（※1）ニッポン放送「ナインティナインのオールナイトニッポン」２０１０年12月2日

（※2）ＮＨＫ総合「プロフェッショナル 仕事の流儀」２０１５年10月26日

「寂しいこと言って勝っちゃうって悲しいな」

小沢一敬

（フジテレビ「ＩＰＰＯＮグランプリ」２０１５年11月14日）

いまや「SEKAI NO OWARI」ならぬ「SEKAI NO OZAWA」と称され、「イエスの生まれた日にノーは言わせない」などクサくてウザい言動で再ブレイク中のスピードワゴンの小沢一敬《かずひろ》。そんな彼が高評価を得た自らの大喜利の回答に対して「寂しいこと言って勝っちゃうって悲しいな」とつぶやいた。大喜利の最中でも自分に酔っているのだ。

小沢は「もっとも熱くなった瞬間」を問われ、２００２年の「Ｍ－１グランプリ」で敗者復活戦を勝ち上がって決勝進出した時だと答えている（※１）。戸惑いや喜び、興奮が一気に押し寄せ、「意味の分からない感情」になったという。「どうしよう、潤？」とテンパっていた小沢に井戸田潤は言う。「小沢さん、明日から忙しくなるよ」と。その言葉を聞いて「ロックンロールだ」と感動したという小沢は、決勝の大舞台で意味不明の行動を取る。手を銃の形にしてこめかみに突きつけてこう自己紹介したのだ。

「ロックンロールな漫才師・スピードワゴンです」

そんな風に自分に泥酔した小沢に、もちろん観客はポカーンだった。だが、その後の漫才は大いにウケ、井戸田の言葉通り、スピードワゴンは最初のブレイクを果たした。

もともと二人は名古屋で別々のコンビとして活動していた。だが、お互いが解散。同期の中で実力的に頭一つ抜けていた小沢のもとには、3人からコンビを組まないかという誘いがあった。井戸田もそのひとりだった。小沢はその中から実力は度外視して一番仲が良かった井戸田を選んだ。なぜなら「売れるか売れないか分からない職業なんだから、やってる間は楽しい奴とやりたい」(※2)と思ったからだ。名古屋から井戸田の運転する軽トラで「宇宙刑事ギャバン」の主題歌を二人で泣きながら大合唱し上京した当時を振り返って小沢は「潤で良かったもん。潤が良かったもん」(※2)としみじみと酔いしれながら言うのだ。

小沢の再ブレイクとほぼ同時期に相方の井戸田は「ハンバーグ師匠」のキャラでプチブレイク。スピードワゴンは個々で活躍の場を広げている。しかし、二人はスピードワゴンとして「仕切り直したい」と言う。もちろんコンビとして世に出たのだからそこに立ち返りたいという思いもあるだろう。だが、それ以上に小沢は〝親友〟との活動が減って「寂しい」のだろう。「究極言うとちょっと恥ずかしいけど……ずっと潤と遊んでたいの」（※2）と酔いが回ったように小沢は言った。

（※1）テレビ東京「ゴッドタン」2015年1月31日
（※2）フジテレビ「ハッピーバナナアワー」2015年9月22日

「日本の国宝です」

春日俊彰

（テレビ朝日「志村＆所の戦うお正月」２０１５年1月1日）

「日本の国宝です」
日本に訪れたバングラデシュ人の観光客に「あなたは何をやっている人ですか？」と問われ、オードリーの春日俊彰は自信満々にそう答えた。思えば春日はいつだって自信満々だ。七三分けでピンクベストを着て常に過剰に胸を張っている春日は強烈なキャラで２００９年頃、大ブレイク。その鮮烈さの故、数多くのキャラ芸人と同じく「一発屋」になってしまうのではないかと危惧されていた。しかし、「去年と同じクオリティのトゥースをまた今年もお送りしようかと。全く同じの！　何も変えず！」（※1）などとブレずに言い続け、いまやオードリーは同世代のリーダー格として人気を不動のものとしている。

たとえば「ネプ&イモトの世界番付」（日本テレビ）の人気コーナー「オードリー春日の部族滞在記」はそんな春日の〝強さ〟が垣間見える企画である。辺境の部族の村を訪れ、その生活を体験するロケ企画だが、その苛酷さとは裏腹に春日は終始楽しそうだ。

春日の人となりをよく表すエピソードがある。まだオードリーが売れていない頃、それでも現状に満足しているように楽しげな春日に苛立った相方の若林正恭が努力を促すために「28歳で風呂なしアパートで恥ずかしくねえのか？」と吐き捨てるように問いかけた。すると、春日は熟考して「ごめんなさい。いま幸せなんですよね」と涙ながらに答えたという。

若林は春日を「〝生きるセンス〟が凄い」（※2）と称している。多くの人は、自分の不幸や不満に目が行きがちだ。しかし、春日は違う。春日は売れる前からずっと幸せだった。それは大きな不安や不幸よりも、目の前の小さな幸せをつなげて、そちらのほうばかりを感じているからだ。どんな過酷な状況でも小さな幸せをつなげ、自信満々に日々を楽しむ春日にとって部族での生活は楽しみでしかないのだ。

抜群の身体能力でその部族の得意分野を会得し、地元部族に勝るとも劣らない姿を見せる春日は凄まじい。しかし、何よりスゴいのは、ほんの短い時間で、部族の子どもたちを虜にしてしまうことだ。子供たちは春日と一緒になって「トゥース！」と天を指差し、「アパー！」とおどけ、「カスカスダンス」を踊る。自信満々に「国宝」と言って憚らない春日の幸福感が伝染するように、気づけば自然とみんなが笑顔になっている。それは〝春日力〟としか言いようのない国宝級の力だ。

（※1）ＴＢＳラジオ「爆笑問題の日曜サンデー」２０１０年5月23日
（※2）ニッポン放送「オードリーのオールナイトニッポン」２０１２年12月8日

「弟の匂いがもう日本人ではなかった」

片桐はいり

（フジテレビ「めざましテレビ」２０１４年8月14日）

片桐はいりは謎多き女優である。実弟に関するエピソードも強烈だ。大学の頃から海外に旅行に行くことが多くなっていた弟はいつしか家族と音信不通になり行方不明になった。「生きているんだろうか？」と探すと、弟はなんと中南米のグアテマラに移住していたというのだ。しかも、現地の女性と結婚し子供まで授かっていたという。日本人離れしたかなりエキセントリックな弟だ。数十年ぶりに再会した時、「匂いがもう日本人ではなかった」という。

日本人離れといえば、片桐はいりもまたかなり日本人離れした女優だ。もちろん、その風貌もインパクトがあるが、キャラクターも一癖も二癖もある。実際、子どもの頃から「変わっている」と言われていたという。「でも子どもの頃はやっぱり何が違うんだろうって悩んでました」（※1）と言う。そんな少女時代の片桐は「周りがみんな子どもだっていうのに苛々」（※2）するような大人びた子どもだった。

初めて〝同級生〟だと実感したのは「宮﨑勤」だったという。

「宮﨑勤が捕まったときに、『私が捕まるのかと思ってたのに、あ、私じゃない人が捕まった』っていうぐらいに思ってた時期があって。別に私は殺してもないし、いたずらもなにもしてないんだけど、『私のような人なんじゃないか』っていう得体の知れない恐怖感があった」（※2）

今や存在自体がアバンギャルドな日本を代表するコメディエンヌである片桐だが、元々所属していた「ブリキの自発団」ではそのイメージとは真逆で生真面目な少年役が多かった。転機になったのは松尾スズキ演出の舞台「マシーン日記」。松尾の「椅子に頭で座れ」などという無茶な演出に応えるうちに、コメディエンヌの才能が開花した。

「俳優は見た目が大事」と片桐は笑う。

「人と違うことが大事。すごく綺麗、すごくカッコいい、すっごく面白い顔とか、すっごく四角いとか（笑）」（※1）

かつてコンプレックスだった日本人離れした風貌を彼女は肯定し武器にした。「自分を好きになるためには?」と子どもたちに問われた片桐は、親であれば子どもがどんなに出来が悪くても可愛いはずと説明し答えた。

「親のような気持ちで自分を見るといいんじゃないですかね。親目線で自分を見る」(※1)

それが悩み多き少女時代をすごした彼女の自己肯定術だ。

(※1) NHKEテレ「大!天才てれびくん」2013年10月16日

(※2)「ユリイカ」2003年2月臨時増刊号

「半ズボンにしてからもう15年ぐらいになりますけど、1回も風邪ひかないですね」

勝俣州和

（テレビ朝日「徹子の部屋」２０１６年2月16日）

いま、勝俣州和ほどテレビに重宝されているタレントも珍しい。ある年のトーク番組のゲスト本数は圧倒的な1位。たとえば２０１３年の「ダウンタウンＤＸ」（日本テレビ）では、45回の放送中、じつに18回も出演。毎回違うメンバーで行う番組でこの頻度で呼ばれるのは驚異的だ。フジテレビ「ごきげんよう」大賞2連覇の実績もある。また、スタッフのやってほしいことを全部やってくれ、企画意図を汲んでくれる。そのため、一部では「企画成立屋」とも呼ばれ、いわゆるパイロット版の番組には欠かせない。さらに、ＢＩＧ3や萩本欽一、ダウンタウン、ウッチャンナンチャン、とんねるず、和田アキ子など、数多くの大御所タレントたちの番組に長年にわたって誰にも偏る

ことなく出演し続けている。かつて歴然と派閥のようなものがあった芸能界では特異な存在だ。

勝俣州和なら「なんとかしてくれる」、「いいリアクションをしてくれる」、「手を抜かない」というのが番組スタッフ共通の認識だろう。一方で、「水曜日のダウンタウン」（ＴＢＳ）で「勝俣州和ファン０人説」として番組特有のノリでイジられていたように、彼に好感を持つものは多いのに、熱狂的なファンがほとんどいないと言われる。それもまた特異で不思議な現象だ。

勝俣といえば「半ズボン」というイメージがある。実はこれが勝俣を右記のような勝俣たらしめている大きな要素のひとつなのだ。

勝俣は若手時代、バラエティ番組でうまく立ち回れず悩んでいた。そんなとき、ディズニーランドでショーを見た。まさに「スター」然として踊るミッキーマウスやミニーマウスを眺めながら「俺はこんな真ん中のミッキーやミニーにはなれない」と考えた。けれど、端っこで目立たないけど元気に踊っているキャラクターにならなれるのではないか。それが短パン姿のピノキオだった。

「俺はもう短パンでいい。冬でも。俺はピノキオになるんだ！」（※１）

勝俣は「出会いっていうのはラッキーじゃないのよ。出会いっていうのは育てていくものなの」（※2）と言う。脇役でも全力で踊り、番組との出会いを育てていく。熱狂的ファンはいないかもしれない。けれどその姿勢が、番組スタッフや共演者たちから熱烈な信頼を得ることにつながった。

半ズボンにしてからもう15年。「1回も風邪をひかない」と満面の笑みで胸を張る。そんな勝俣に黒柳徹子は冷静に言い放った。

「そうですか。まぁ足から風邪ひくわけじゃないからね」

（※1）TBSラジオ「たまむすび」2016年2月15日
（※2）日本テレビ「にけつッ!!」2015年10月8日

「自分ってそんなに正しいですかね？」

加藤浩次

（フジテレビ「ボクらの時代」２０１６年4月10日）

いまや朝の顔として活躍している加藤浩次。番組作りにおいてスタッフに意見するかどうかの話題で「自分ってそんなに正しいですかね？」と漏らし、「僕なんか自分が一番間違ってると思ってるんで言えないですね。信念を曲げたくないっていうのは言いますけど、それ以外は大勢のスタッフが考えたほうが絶対正しいと思います」と続けた。

かつて「狂犬」などと呼ばれていた加藤が情報番組の司会を初めて行ったのは、「スーパーサッカー」（ＴＢＳ）だった。前任の徳永英明が急病で降板したための代役だった。それが大きな転機だったという。「おもしろいことだけをやっていきたい」「好きなことをやろう」とだけ考えていた意識が変わったきっかけだった（※1）。

それを観ていたプロデューサーが今度は朝の経済番組「儲かりマンデー!!」（ＴＢＳ）

の司会に加藤を抜擢した。この番組で知らないことを知れる面白さを感じた加藤は、その一方で「自分の我を出すことって、凄くカッコ悪いことなんだ」（※1）と思い始めた。だから「あの仕事はやりたくない」などと言っていた自分が急に恥ずかしくなったという。客観的に自分を見ている人が自分をどう使いたいのかが重要なんだと悟り、スタッフに身を任せるようになったのだ。

そんな時に届いたのが「スッキリ!!」（日本テレビ）のオファーだった。意識は変わりつつあった加藤だが、さすがに朝の帯の情報番組は躊躇した。だから最初に自分を見出した「めちゃ×2イケてるッ！」（フジテレビ）の総監督・片岡飛鳥に相談した。「めちゃイケ」の収録にも支障をきたす可能性もあるため当然反対されるものと思っていた。だが、「オイシイじゃん」という思わぬ反応が返ってきた。

「だって半年で終わったら〝朝に通用しなかった男〟だぜ」（※1）

成功すればもちろんいいし、失敗してもイジってもらって笑いになる。だったらやってみようと思えたのだ。

「スッキリ!!」を始めた直後、相方の山本圭壱が問題を起こし突然事務所を解雇されてしまった。自分が我を捨ててスタッフに「身を任せる」という意識は、もしかしたら山本が戻ってくるまでなんとか生き残ることを優先した結果、より強くなったかもしれないと加藤は言う。

「俺がやっぱりテレビで生き残ってないと、山本をテレビに戻すことは絶対できないから」（※1）

加藤は極楽とんぼというコンビの「決着をつけたい」としみじみと語っている。

「始まりがそこだからそこの決着がつかないと次に進めない」（※2）

そして2016年7月30日、「めちゃイケ」に山本が出演、11月に吉本へ復帰した。

（※1）「KAMINOGE」vol・49

（※2）フジテレビ「ボクらの時代」2016年4月10日

「小学生の頃からこの暗黒の世界で働いています。僕の闇の光を感じてください」

香取慎吾

（フジテレビ「SMAP×SMAP」2014年10月6日）

「人付き合いは苦手なほうで、すごく元気で明るいキャラクターでお仕事をして、それでお給料を貰っています」

親友を作ろうという企画でそんな自己紹介に続けてSMAPの香取慎吾は「僕の闇の光を感じてください」と言い放った。

以前、「ここ以外の世界を知らない」（※1）と語っているように、物心ついたときから香取は「アイドル」として生きてきた。そして5歳年上の中居正広からアイドルとしての哲学を徹底的に叩き込まれた。今では「いざとなったときに、SMAPを任せられるのは慎吾」（※2）と言われるほど中居からの信頼は篤い。

自分の意思よりもファンが何を望んでいるか、香取はそれだけに従ってきた。だから普通ならば逡巡してしまうような「西遊記」の悟空、「こちら葛飾区亀有公園前派出所」の両津、慎吾ママといった元気で明るい「キャラもの」も躊躇なく演じてきた。いわば香取は中居イズムが作り出した〝アイドルマシーン〟だ。笑顔を貼り付け、全力でキャラを演じきる。いつだって香取は〝本気〟だった。だが、そこに〝本音〟を覗かせることはほとんどなかった。

しかし、2014年3月31日に放送された「笑っていいとも!」（フジテレビ）の「グランドフィナーレ」で香取は珍しく〝本音〟を晒した。

「ちょっと我慢できずに言います、答えはいらないですけど……そもそもなんで終わるんですか?」

声も指先も震わせ、そう言って駄々っ子のように泣いた。周囲に分厚い壁を作り、アイドルというキャラで武装して笑顔の仮面で〝闇〟を隠し、香取は自分を守ってきた。そんな香取のすべてを肯定してくれたのがタモリだ。香取にとってタモリは、ほとんど唯一、甘えることが許される相手だったのだ。

「テレビの〝嘘〟が最高に楽しいです!」（※1）

そう自嘲気味に言う香取は、いわば「テレビの嘘」に誰よりも殉じてきた。明るく元気な笑顔は「テレビの嘘」かも知れない。けれど、それを見て生まれる幸福感は間違いなく〝真実〟だ。「いいとも！」で最後、「タモリさん、これからも、つらかったり苦しかったりしても、笑っててもいいかな？」と泣きながら問いかけた。つらく苦しいときに、「泣いてもいいかな？」ではない。「笑っててもいいかな？」だ。香取慎吾は「暗黒の世界」で「闇」を抱えたまま〝嘘〟に生きている。〝嘘〟の中にこそ光る〝真実〟があると香取は信じているから。タモリは噛みしめるように答えた。

「いいとも」

（※1）フジテレビ「27時間テレビ」２０１４年7月27日

（※2）フジテレビ「ＳＭＡＰ×ＳＭＡＰ」２００３年12月15日

「お祓いとお笑いを両立して」

狩野英孝

（フジテレビ「さんまのお笑い向上委員会」2015年12月19日）

1500年の歴史のある由緒ある神社に生まれ、2014年には神主の資格も取得した狩野英孝。彼が先輩たちにお笑いか神主どちらか一方に絞るべきだと言われると「お祓いとお笑いを両立して」いきたいと絶妙なフレーズで切り返した。

「ラーメン・つけ麺・僕イケメン」という勘違いナルシストキャラでブレイクした狩野は、他の多くのキャラ芸人同様、「一発屋」としてすぐに人気が低迷するのではないかと思われていた。だが、いまやバラエティ番組に欠かせない存在になっている。それは勘違いナルシストというキャラが単にネタのためのキャラではなく狩野本来の人格と一致していたからだろう。

例えば彼はもともとミュージシャンを目指し路上ライブをしていた。その周辺ではまだ売れる前の「いきものがかり」も路上ライブを行っていたという。狩野は彼らよりも客を集めていたし、彼らも自分に一目置いていたと断言する。だったらなぜ音楽の道を断念したのかと問われると堂々とこう言い放つのだ。

「見えちゃったんですよ、成功が」（※1）

とにかく自信満々である。それはもちろんお笑いについても変わらない。「大喜利を愛してるんですけど、大喜利からは愛されてない」（※2）とバカリズムから嘲笑されても自分の大喜利センスを疑わない。自分がスベってしまうのは、スベリキャラだという先入観があるからだと。

「お前は空前のポンコツブームの今のテレビにピタっとハマっただけ！」「運だけ。マジで運やから」と「さらば青春の光」の森田哲矢に切り捨てられた時も狩野は激昂。「ハメに行ったからこっちは！」「俺、運1ミリも使ってないから！」とまっすぐ反論するのだ（※3）。

逆に、有吉弘行がツイッターで「正式に『出川』の屋号を貰っていいと個人的に思っている。いわゆる『Dの名を持つものだ』」とまで絶賛する天然のリアクション芸については「自分では天然じゃない、天然はヤダとも思ってます。噛んだり言い間違い、ハプニングとかで笑いになって収録終わって、スタッフさんに面白かったねって言われても正直手応えは感じてない」（※4）と不本意だという。
そのズレこそ、狩野の狩野たる所以だ。本気で自分のセンスや才能を疑わず、自信満々で飛び込んでいくから笑いの神が舞い降り、極上のハプニングが巻き起こる。神に仕える男は誰よりも笑いの神に愛されている。

（※1）ＴＢＳ「有吉ジャポン」２０１５年5月29日
（※2）フジテレビ「ＩＰＰＯＮグランプリ」２０１５年5月23日
（※3）テレビ東京「ざっくりハイタッチ」２０１５年10月31日
（※4）テレビ朝日「ブラマヨとゆかいな仲間たち アッアッっ！」２０１５年8月8日

「アイツは病気と闘う、俺は守る」

カンニング竹山

（日本テレビ「誰だって波瀾爆笑」２０１５年2月22日）

カンニング竹山は、相方・中島忠幸を白血病のため突然失っている。中島が闘病している最中、「アイツは病気と闘う、俺は守る」と心に誓いながら、彼が帰るべき場所を守るためピンでテレビに出続けていた。

竹山と中島の出会いは小学校3年の頃。クラスは別々だったが気の合う遊び仲間として行動を共にしていた。中学で中島が少しグレはじめ、高校は別々の学校へ入学。中島は程なくして学校をやめてしまう。竹山の前に再び現れた中島は少しマセて、大阪でアイドルの親衛隊をやっていたという。当時のアイドル親衛隊は、いわゆるヤンキー文化から派生したもの。だから中島は地元に子分のような後輩たちを連れてきたりしていたという。そして最終的に「田村英里子親衛隊長」まで昇り詰めた。竹山と比べると、中島のほうがマジメで常識人というイメージがあるが、実はヤンチャで頭がおかしい破天荒なのはむしろ中島の方だった。

東京で偶然再会した二人はカンニングを結成。事務所を転々としながら仕事のない日々が続き、気付くと二人は借金まみれになっていた。そんなどん底の中、マネージャーを交え「カンニング会議」が開かれる。そこで中島は結論を出した。

「このままやめたら何にも残らん、なにか残してやめないと意味なくね？」（※1）

1年後同じ状況だったら芸人をやめる、と。そこから「借金ばっか、バイトばっか、誰が売れてやるか！」と客に怒鳴るキレ芸のスタイルが生み出されカンニングはブレイクした。だが、それからわずか1年余りで中島は病に倒れてしまった。

中島の7回忌となる2012年、竹山は初めて中島をネタにしたライブを行った。竹山は中島について「白血病＝死んだ。これしか残っていないんです」「中島が伝えたかったことはそんなことじゃない」と切り出す。

「あいつがホントに伝えたかったのは、あいつはとてつもなくチンコがでかかったんです！」（※2）

竹山は中島の死を笑いに変え、最期のカンニングの漫才を行い芸人として中島を供養したのだ。

「（中島は）芸人として名前は残せたと思うんですよね。例えばのちに芸人年表ができたとしたら、2006年12月の欄に『カンニング中島死去』って多分載ると思うんです」（※1）

竹山は今も中島の居場所である「カンニング」という名前を背負い守り続けている。

（※1）「クイック・ジャパン」vol・70
（※2）ライブDVD「放送禁止2012」

「いまでも（人の好き嫌いが）強いですよ。抹殺したくなるんですよ」

樹木希林

（ＴＢＳ「サワコの朝」２０１５年5月30日）

２０１３年、「全身癌」であることを公表した樹木希林は自ら、「芸能界の癌」を自称する。「癌なんてのは正常細胞の中で急にギューーッとなっちゃって、困っちゃう存在じゃない。私は芸能界でそういう存在だなと思った」（※１）と。そんな彼女は人の好き嫌いが激しい。嫌いな人は「抹殺したくなる」とまで言うのだ。

樹木希林が芸能界入りしたきっかけは文学座に入ったことだった。しかし、舞台女優は肌が合わず2年で退団。そんなとき、テレビドラマ「七人の孫」（ＴＢＳ）の女中役のオファーが舞い込んだ。そこで出会ったのが当時50歳で脂の乗り切った森繁久彌だった。

「色っぽいし話が面白いし嫌な部分も見事な部分も全部見せてもらった」（※２）と樹木は振り返る。「死ぬか生きるかの時に『ウフ』って笑うようなこと」が面白いということを森繁から学んだ。その出会いが大きかった、と樹木は言う。

森繁の教えを胸に30代初めの頃、早くも「寺内貫太郎一家」（ＴＢＳ）で老け役を演じると、女優として唯一無二な存在になった。

その頃に出会ったのが内田裕也だった。彼にはこれまで出会ったことのない「危険」な感じがしたという。「それがね、私の不満の人生の中で、それをフッと摑んだのよね。危険だから摑んだの」（※３）と樹木の心を魅了した。

「あ、ここなら生きられると思った」と。

「何かを壊したい」というのが自身の〝性〟だった。それに内田裕也はぴったり合致したのだ。今では「保険のカード渡すときとかさ、介護保険料の報告する」ときにしか会うことはないというが、「あの旦那さんじゃなかったら、私の重しは誰もしてくれない。重しがないもの。どこでも飛んでっちゃう」（※４）と離婚する気は一切ない。これもまた唯一無二の夫婦像だ。

一方で生まれ変わったら、絶対に内田に出会いたくないという。なぜなら、また惚れてしまうからだ。誰よりも好き嫌いが激しく、嫌いな相手は「抹殺」したいとまで思う樹木は、愛情もまた深い。

創造の「創」という字は「キズ」という意味だという。「要するに、創り出す、新たに生み出すっていうことは、キズをつけて、壊して、そっから創り出す」（※3）ということだ。樹木希林はあらゆる人やモノや常識をキズつけ壊しながら、唯一無二の新しい生き方を創りあげているのだ。

（※1）NHKEテレ「ミュージック・ポートレイト」2014年9月25日
（※2）TBS「サワコの朝」2015年5月30日
（※3）NHKEテレ「ミュージック・ポートレイト」2014年9月18日
（※4）フジテレビ「SMAP×SMAP」2014年5月4日

「テレビが用意してくれたものを私達が黙って食べる時代はもう終わったんですよ」

久保ミツロウ（フジテレビ「久保みねヒャダこじらせナイト」2014年7月12日）

マンガ家の久保ミツロウは『『いいとも！』が生んだ最後のスター（笑）」と自称することがあるが、「（笑）」を取ってもまったくおかしくない快進撃をテレビ界で続けている。元々は「一度でいいからタモリさんに会いたい」という一心で「笑っていいとも！」（フジテレビ）に出演したのがきっかけだった。久保の武器はタモリ同様「妄想」である。タモリや千原ジュニアとの妄想恋愛を披露して大反響を呼び多くのテレビ番組からのオファーが殺到した。だがほぼ全てを断った。そんな中、唯一引き受けたのがヒャダインと組んだ「久保ヒャダこじらせナイト」だった。そこにラジオでコンビを組んでいた能町みね子が加わりレギュラー化。大きな支持を受けている。

「妄想」とともに彼女の武器になっているのはテレビでは「素人」だということである。芸能界でのしがらみとは無縁なため「千原ジュニアはブログがつまらない女と結婚しそう」（※1）とか「さんまさんが嫌いじゃなくてさんまさんに遠慮する人を見るのが嫌いなんです」（※2）などと平気で言えてしまう。

久保が展開するのは「みんなが『これってなんだろうな？』って思っていることの構造を紐解いて、そこにちょっと名前をつけて笑い飛ばし合う」（※3）という「言語エンターテイメント」だ。「女性」は「かわいい・きれいな女性」か「イジれるブス」しか存在しないかのようなテレビが〝用意〟した単純化した世界からこぼれてしまうものに〝名前〟をつけ、〝人格〟を与えている。

過剰な自意識にとらわれ、世間でいう〝○○らしさ〟に抵抗し生きづらさを感じる状態を「こじらせ」と言うならば、久保はテレビや芸能界にもこじらせている。「お約束」や「空気を読む」ことを強いられる現在のテレビ界。「自意識は手懐けられる」（※4）と言う久保は「テレビらしさ」に抗いながら、それを遊び道具にして〝テレビごっこ〟をしている。

思えば、タモリもそうだった。「究極の素人芸」で〝素人感覚〟のまま国民的司会者となった。まさに久保はタモリイズムの正当な後継者だ。「テレビが用意してくれたものを私達が黙って食べる時代はもう終わった」と久保は言う。「妄想」と「素人感覚」を武器に「即興」で〝新しい〟テレビを作り出している。

（※1）フジテレビ「笑っていいとも！」２０１２年5月21日
（※2）フジテレビ「27時間テレビ」２０１２年7月22日
（※3）「ＧＩＮＺＡ」２０１４年8月号
（※4）ニッポン放送「久保ミツロウ・能町みね子のオールナイトニッポン」２０１３年7月2日

「音楽をただ私は楽しんでてそれで語ってるだけです」

クリス松村

（NHK総合「スタジオパークからこんにちは」2015年10月2日）

レコードやCD合わせて2万枚以上のコレクションを持つクリス松村は「音楽家」を名乗っている。「おんがくか」ではなく「おんらくか」と読む。「音楽をただ私は楽しんでてそれで語ってるだけ」だからと決して「評論家」など名乗らない。「楽しんでるはずの音楽を、そういうふうに言うのが嫌」だと言うのだ。

クリス松村は外交官の長男。小学校低学年の頃はイギリスで暮らし、日本に帰国した。自宅は敷地面積約千坪、庭の池には千匹の鯉がいた大豪邸。恵まれた環境で育った。しかし、自著『「誰にも書けない」アイドル論』によると父親とは現在も「絶縁状態」だという。彼がいわゆる「オネエ」になってしまったからではない。「音楽」が原因だった。

イギリス時代、彼は日本人であるという理由だけで、壮絶なイジメにあっていた。当時はまだ日本人が海外で暮らすことが珍しかったからだ。そんなとき、上級生から「歌を歌ってあげるよ」と言われて聴いた音楽にクリスは救われた。帰国後も友だちはできなかった。帰国子女というだけでも白い目で見られたうえ、イギリスでは飛び級などしたエリートだったにもかかわらず、日本の学校では勉強が遅れ劣等生になってしまった。やがてクリスは心を閉ざしてしまったのだ。

この頃のクリスを救ったのもやはり音楽だった。ラジオやテレビから流れてくる歌謡曲に心を躍らせたのだ。だが、厳格な父親はそれを認めなかった。彼の中ではクラシックやオペラ以外は音楽ではなかったのだ。だからクリスは隠れて歌謡曲を聴くようになった。「いい子を演じてきた私にとっての初めての秘密。隠れながら、親と戦いながら守り抜いた、自分だけの世界」（※1）だったという。

ずっと「優等生でいい子」を演じてきた。だが、それだけでは自分自身を守れない。音楽を聴いているときだけ自分自身になれたのだ。そんな大切な自分だけの世界を父親は踏みにじった。あるとき「ゴミは処分したから」と大半のコレクションを捨ててしまったのだ。それ以来「絶縁状態」が続いている。

クリスは広告代理店や芸能マネージャーなどを経て、エアロビクスのインストラクターとして独特な教え方が注目を浴びたのをきっかけにテレビに進出した。その教え方は、それまで隠してきた自分自身のオネエの部分をさらけ出したものだった。それはかつて音楽を聴いているときにだけ自分自身になれた彼が見つけた「クリス松村」らしさに他ならない。

（※1）『「誰にも書けない」アイドル論』クリス松村（小学館）

「テレビに出るのは全部『自分自身』だけ」

黒柳徹子

（フジテレビ「ワンダフルライフ」2014年9月14日）

今、日本の女性芸能人でおそらくもっとも知名度が高いであろう黒柳徹子。けれど、その彼女の実態は〝謎〟が多い。たとえば、女優として舞台に数多く出演していながら、テレビドラマには滅多に出演しないのも不思議だ。仮に出たとしても、「黒柳徹子」役だけ。もし悪女を演じイメージが定着してしまうと、「徹子の部屋」（テレビ朝日）を見る視聴者から「悪い女が人に話を聞いている」と思われてしまうかもしれない。それでは相手のことが正確に伝わらなくなってしまう。だから彼女はテレビには「自分自身」でしか出ないことに決めたというのだ。言うのは簡単だが、仕事の幅を狭めてしまう選択。それを実践するのは並大抵のことではない。しかし、徹子は、それでも「正確に伝える」ということ

にこだわったのだ。

２０１５年に40年目を迎えた「徹子の部屋」。それを始めるにあたって徹子はひとつだけ条件を出した。それが「編集をしない」ことだ。

「毎日の番組ですから、編集すると雑になります。編集することによって、その人がどういう人かわかんなくなっちゃう」（※1）と。

だから、妙な間ができてしまうこともしばしばだ。けれどその間が大事なのだ。質問に対し、即答だったのか「うーん」と答えに窮したのか、その部分にこそ、人の本質が表れる。徹子はそれを切り捨てたくはないのだ。また「編集しない」ということは逆から見れば「編集されない」ということだ。ゲストはテレビ局などの意向で発言を切り取られない、という信頼があるからこそ本音を話せる。

だから「正確に伝える」という意に反した時、徹子は憤慨する。たとえば、「徹子の部屋」にボビー・オロゴンがゲストに訪れたとき（２００５年3月21日）だ。ボビーは徹子の質問にいつものバラエティ番組のノリで冗談を返した。挙句、徹子を「ババア」呼ばわりしたのだ。すると徹子は「私、攻撃的に言えってならいくらでもあなたに言えるのよ？」「もっとまじめに自分のことを語りなさい」と強く諭したのだ。

普通の番組ならばカットするシーンだ。だが徹子は「ボビーさんさえよければ、全部使ってください。そのほうが、視聴者にも理解してもらえて、ボビーさんのためにもなる」(※2)とそのまま放送した。

自分自身の生の感情をさらけ出し伝えること。それこそが黒柳徹子が絶対に譲れない信念なのだ。

(※1)『「視聴率」50の物語』ビデオリサーチ・編(小学館)
(※2)WEB「東洋経済オンライン」2013年11月20日

「僕は長い間、世間の過大評価に悩まされてる」

甲本ヒロト（フジテレビ「ヨルタモリ」2015年6月14日）

ザ・ブルーハーツ、ザ・ハイロウズ、ザ・クロマニヨンズのヴォーカリストとして日本のロック界を牽引してきた甲本ヒロト。珍しくバラエティ番組である「ヨルタモリ」（フジテレビ）に出演すると、登場するなり「世間の過大評価に悩まされてる」と語り、同じ感覚を持つタモリと意気投合した。

ヒロトは中学時代、鬱屈とした生活をしていた。「お父さん、殺す。お母さん、殺す。友だち、殺す。学校、燃やす」「全部壊れちゃえばいいんだ。俺もついでに死んじゃう」（※1）などという思いを抱えていた。そんなとき、ラジオから流れてきたロックンロールに「キンタマ握りつぶすぐらい」の衝撃を受けた。これだ、と思った。

ロックンロールに目覚めたヒロトは真島昌利らとザ・ブルーハーツを結成し、その鬱屈した〝怒り〟を楽曲に変えていった。「当時の日本のロックを全否定するつもり」(※1)だったという。だからパンクロックなのに、そのイメージとは対極にあるような「人にやさしく」などと歌うことは自然だった。

前出の「ヨルタモリ」でタモリはヒロトのことを「ジャズな人」だと評した。これはタモリ最大の褒め言葉だ。タモリは「ドブネズミみたいに美しくなりたい」というヒロトが作詞した「リンダリンダ」の一節を例に挙げ、その歌詞の作り方が「ジャズだ」と言うのだ。「美しさとキレイさっていうのをちゃんとわかってる人じゃないと書けない」と。

ヒロトは楽曲を作る時、世の中にいいことをしようとか、正しいことをしようとか、皆を元気にさせようとか、楽しくさせようとかという気持ちは一切ないという。「世界をぶっ壊す」(※2)こと以外は興味がないとまで言い切って笑う。それがいまだに続いているのだという。

「世の中なんてチンケだ」「泣いてる場合じゃねえ、死ぬまで爆笑できるんだぜ」と思わせてくれるのはロックンロールのおかげだというヒロトは、それに出会えたのは、ラッキーだった、儲けたと振り返っている。そして自分の表現は「その儲けたっていうことを自慢している」(※3)だけなのだと。だからヒロトは自分への評価が、過大評価だと感じるのだろう。

「僕は唄うこと、ステージでワーッと暴れてやることでわりと完結をしてるんだよ。僕はもう楽しみをそこから全部もらっているから、自分の分け前をすべて手に入れている」（※2）

ヒロトにとってロックンロールをステージ上で表現することこそが全てだ。その先にある評価や金銭的見返りなど、「おまけ」にすぎないのだ。

（※1）「Gスピリッツ SPECIAL EDITION vol・1 アントニオ猪木」
（※2）「KAMINOGE」vol・1
（※3）「splash!!」vol・1

「ひとりでしゃべってたんです。それが一生懸命だと思ったんです。見てる人には迷惑」

小堺一機

（フジテレビ「ライオンのごきげんよう」2016年3月25日）

30年以上にわたってお昼の顔だった小堺一機。だが、「ごきげんよう」（フジテレビ）の前身である「いただきます」開始当初はまったくうまくいかなかったという。

「いただきます」が始まったのは1984年10月。当時小堺は「欽ちゃんのどこまでやるの！」（テレビ朝日）の「クロ子とグレ子」で人気を獲得し、「笑っていいとも！」（フジテレビ）レギュラーの経験もあったが、あくまでも若手芸人のひとりにすぎなかった。だから彼をお昼の帯番組の司会に起用するのはあり得ないくらいの大抜擢だった。その英断をしたのは「いいとも！」のプロデューサーでもあった横澤彪《たけし》。「いただきます」はその頃、流行の兆しのあった「おばさん」タレントたちの番組として企画されたものだった。塩沢とき、浦辺粂子、淡谷のり子らパワー溢れるおばさんたちをまとめることができるのは「おばさんから見て可愛い」小堺一機が最適だという判断から選ばれたのだ（※1）。

番組開始当初、小堺は横澤から「タモさんにも言ったんだけどさ、毎日だからさ、仕事だと思うとキツいから、遊びにくるつもりでやってくださいね」と言われたという。だが、数ヶ月後、「この番組いつから面白くなるんですか？」とキツい一言を浴びせられた。

小堺には師と仰ぐ人物が2人いる。堺正章と萩本欽一だ。2人はうまくいかない「いただきます」を見て小堺に同じことを言った。「あんなに面白い人たちがいるのに、なんでひとりで喋ってんだ？」（※2）と。そのアドバイスに従って、おばさんたちの話を聞くように心がけたら、それだけで面白かったのだ。それから一気に番組は軌道に乗っていった。それまで小堺は「おばさん」たちに負けないように一生懸命しゃべっていた。それが「見てる人には迷惑」だったのだ。

「トークが上手くなりたければ『聞き上手』になること」（※3）、そして「すごくよく笑う人」になることが大切なのだと気づいたのだ。

また小堺は「本人が面白いと思ってないことが、実は面白かったりする」（※3）と悟った。それを引き出すことこそ、小堺の真骨頂なのだ。一生懸命、自分が面白いと思うことを言おうとすると空回りするだけ。気楽そうに相手の話を聞けばおのずと面白いトークができていく。

「人から『大変そうだね』って目で見られたら終わり」（※4）だと小堺は言う。

「『お気楽だね〜』って言われる風情でありたい」（※4）

（※1）『今夜は最高な日々』髙平哲郎（新潮社）

（※2）フジテレビ「ライオンのごきげんよう」2016年3月25日

（※3）「週刊SPA!」2014年11月18日号

（※4）「週刊現代」2015年9月5日号

「いろんなキャラ模索してたなか、走って転んで歯失って、それでちょっとテレビ出れるみたいな。盲点でした」

小宮浩信（テレビ朝日「アメトーーク！」２０１６年2月4日）

いまテレビではいわゆる〝ポンコツ〟タレントが重宝されている。彼らが失敗したりおかしな言動をしたりするのを笑うためだ。三四郎の小宮浩信もそうしたタイプの芸人として２０１５年あたりからバラエティ番組でよく見るようになった。ヘンテコな声と独特な言語感覚、そしてなんといってもその滑舌の悪さを助長する欠けた前歯が特徴だ。

小宮は名門・成城学園出身で学生時代のあだ名は「愉快犯」。高校2年のとき留年をしたり、「葬式ごっこ」をされたこともあるというが、「めっちゃおもしろかった。（他の生徒とは）全然違ってた。飛び抜けてた」（※1）と当時の同級生が証言するとおりクラスの人気者でもあった。

同級生の相田周二と結成した三四郎はデビュー以来約10年、なかなかテレビでチャンスを摑むことはできなかった。だからテレビ局の〝お偉いさん〟の車に轢かれたら「お情け」でテレビに出られるんじゃないかとテレビ局の前で無駄にウロウロしたこともあったという。

だが、もともとは実力派漫才師として東京のライブシーンでは一目置かれた存在だった。事実、最初にチャンスを摑んだのは「ゴッドタン」(テレビ東京)が実施した若手芸人へのアンケート企画で「天才だと思う若手芸人」の1位に選ばれたからだ。ようやく来たテレビからのチャンス。

しかし、事件はその2日前に起きる。ライブからの帰り道。後輩たちと一緒に終電に間に合うように走っていたときだった。雨で道が滑りやすくなっていたため、勢いよく転んでしまったのだ。前歯が折れ、口元は血まみれ。唖然とする後輩たちに、「大丈夫!」と派手にリアクションをしたら、隣のガードレールに膝をぶつけて、骨にヒビが入るという、信じられない二次災害を起こしてしまう。その結果、小宮は番組初登場にもかかわらず、歯抜けで車いすに乗った状態という前代未聞の姿で出演を果たしたのだ。

だから劇団ひとりやおぎやはぎという猛者の格好のターゲットになった。それまで色々なキャラクターをずっと模索していた。けれど、「走って転んで歯失って」偶然生まれたむき出しの自分自身のキャラが受けた。そこでイジられ続けていくうちに、小宮自身が気づいていなかった「生意気」キャラが覚醒したのだ。先輩たちに向かってタメ口で反論していく姿はいまの「みんなで仲良く」というバラエティの風潮とは明らかに異質のもの。前歯が欠けたことでヘンテコな声がより一層強調された。だが、それ以上にヘンテコで魅力的な人間性も開花させたのだ。

（※1）テレビ朝日「あいつ今何してる?」２０１５年12月5日

「僕は理想の俳優がウォーズマンなんですよ」

堺雅人

（日本テレビ「おしゃれイズム」2015年4月12日）

堺雅人は「魚津万蔵（うおずまんぞう）」に改名したいと思っていたと突拍子もないことを言い出した。由来はマンガ『キン肉マン』に登場する全身真っ黒のロボット超人・ウォーズマン。彼の理想の俳優像が「ウォーズマン」だと言うのだ。

堺雅人は本当に変わった男である。この番組でも彼は、バイトを無断〝出勤〟してクビになったことがあるだとか、空間認識が苦手で「右・左」が咄嗟に分からないだとか、美術のヌードモデルをやったことがあるだとか、〝変人〟エピソードを連発していた。

そんな堺は「リーガルハイ」（フジテレビ）と「半沢直樹」（TBS）という彼の代表作が放送された充実の2013年を「本当に無味乾燥なやりがいのない1年でしたね。何も残らなかった」（※1）と言ってのけるのだ。やっぱり変わっている。

堺の役作りは形から入る。『ただしいココロ』をかんがえることにくらべれば、『ただしいカタチ』にむかう作業は、手っとりばやく、無駄がない」（※2）からだ。彼が初めて「演技」をしたのは5歳のときだった。幼稚園で「みなしごハッチ」の劇をやることになったのだ。堺にはその中で「カベムシ」という役があてがわれた。だが、彼は「カベムシ」がどんな虫か分からない。分からないまま演じることはできないと考えた彼は図鑑で調べてみた。しかし、どの図鑑にも「カベムシ」が載っていないのだ。先生に相談すると「じゃあ、クモにしましょう」とあっさり言われ、意固地になった彼は「カベムシしかやれません」と先生を困らせてしまったという。まさに今の変人・堺雅人に繋がるエピソードだ。

ある時は「腹に一物ある男」を演じるための役作りで大きな失敗もした。「ホントに一物入れてみたらどうだろう」と考え、寄生虫館を訪れ、サナダムシの卵を食べようとし、「めちゃくちゃ怒られ」たのだ（※3）。当たり前だ。

欲しいものを訊かれると、「次の役」と笑って答えている。「この役やりたいという欲はない」（※4）という。また堺は「え、あの作品にでていたの？」と言われることに喜びを感じるのだそうだ。『うもれるヨロコビ』とでもいうような、違和感なくそこにいる、といった種類の快感」（※2）だ。
「役」に対する強烈なこだわりと、「自分」に対するこだわりのなさ。それはまさに戦うことだけを宿命付けられ、黒ずくめでリングに立ち続けるウォーズマンのようだ。

（※1）フジテレビ「とくダネ！」2013年12月18日
（※2）『文・堺雅人』堺雅人（文藝春秋）
（※3）日本テレビ「おしゃれイズム」2015年4月12日
（※4）WEB「R25」2010年11月18日

「キツイことしないとダメじゃん、人間って」

坂上忍

（フジテレビ「バイキング」２０１５年１月12日）

坂上忍といえば、元々は「天才子役」として名を馳せた俳優。それが「潔癖症」キャラで注目を浴び、「ブスは嫌い」「女は顔が命」などという毒舌でブレイク。いまや、バラエティ番組で司会をこなすまでになった。

３歳の頃、祖母が亡くなったショックで全く喋らなくなってしまった坂上。慌てて母親が病院に駆け込むと、医者から友達を作らせたほうがいいとアドバイスを受けた。思案した母は、歩いて5分のところに劇団があるのを見つけ、そこに坂上を入れた。それが、坂上の役者人生の始まりだった。役者の仕事のせいで出席日数が足りず評価のしようがないと学校の通知表に斜線を引かれた時はショックだった。だから、中学で役者は辞めようと思っていた。

しかし、新聞記者だった父親が立ち上げた出版社が倒産。ギャンブル狂だった父は1億円もの借金を残して家族の下から消えてしまう。坂上は役者を続けざるを得なくなった。離縁した父が作った借金。逃れる手段はいくらでもあったはずだ。だが、彼は潔癖な態度で向き合った。「当時の記憶そんなにないんですよ。考えてもどうしようもないから自分たちで記憶を排除している部分がどっかにあって」（※1）とがむしゃらに働き、26歳で完済したのだ。

「バイキング」の司会に抜擢された時、坂上は「ギリギリの安全圏でやると、つまんなくなるし。これで僕が変わったら、僕を呼んでくれた意味がなくなるし、僕は白か黒かでいたい」（※2）と思いを語った。この番組で北海道での過酷なロケを敢行した坂上忍は「キツイことしないとダメじゃん、人間って」と自分に言い聞かせるように言った。

子供時代からキツイ社会に揉まれ、今では子役スクールで子役たちの教育者の側面も持つ坂上の毒舌は〝社会性〟を持っている。だから今、その毒舌は主にテレビ的な〝お約束〟に向けられる。番宣で来たゲストに「俺ね、世の中で一番嫌いなのは番宣なの」と言ってみたり、「今日はヤラセをやるぞー！」と宣言し公開ヤラセをしようとするサンドウィッチマンを見ながら「ヤラセ万歳！」と大笑いする。これは社会的に見れば〝正論〟であるが、テレビ的な常識で言えば〝毒〟だ。一歩間違えば、テレビ界から干されかねない。坂上は常に白黒をハッキリつけ、自ら「キツイ」ところに身を置こうとする。1年間の収入全部を年末にギャンブルにつぎ込むというのもその表れではないか。坂上は一貫して自分の中の〝正義〟や〝本音〟に対して〝潔癖〟なのだ。

（※1）NHK総合「ゆうどき」2014年12月10日
（※2）「サンケイスポーツ」2014年5月24日

「（母親が）自由に泳がせてくれた結果、ホントに魚になっちゃったぁ！」

さかなクン　（ＮＨＫ総合「はに丸ジャーナル」２０１５年５月６日）

「結婚しているの？」と問われると「まだなんです、ギョめんなさい」となぜか謝るさかなクンは、どういうタイプが好きなのかと訊かれると目の前の水槽の中の魚に話しかけるように照れくさそうにして話を逸らした。さらに追及されると「お魚に一途で……」（※１）と頰を赤らめた。

幼稚園児の頃から絵を描くのが好きだった。けれど、当時描いていたのはトラックやゴミ収集車など。そんな時、小学校のクラスメイトが描いたタコの絵に衝撃を受けた。画面から今にも飛び出してきそうな姿に魅了されたのだ。「これは調べてみたい！」と図鑑を読みあさり、魚屋に入り浸った。さらに生きたタコを見るために海岸に通うと、タコ以外の魚にも虜になっていった。とにかく頭の中は魚のことでいっぱい。中学になると「水槽学」だと思い込んで「吹奏楽」部に入ってしまった（※2）ほどだ。

学校の教師からはその絵の才能を伸ばすため「専門の先生に習わせた方がいい」と勧められた。しかし、母親はそうすると先生の画風になってしまうから、とそれを拒否した。だから、さかなクンは絵も魚への知識も自分流に追求することができた。母親が自由に泳がせてくれたから、「ホントに魚になっちゃったぁ！」のだ。

中学時代同級生だったドランクドラゴンの鈴木拓も「彼の持っているものは全部魚に関連しているもの」だったと証言している。さらに授業中、机の中に手を入れてフグの剝製をゴソゴソと撫でていたのを目撃したという（※3）。そんな言動だからクラスでは当然浮いてしまう。「タコ、タコ！」などとからかわれることもあった。だが、さかなクンは傷つくどころか「わっ、呼んでくれた！　そうだよ、タコだよぉ！」と喜んだ。

「自分の場合強くなろうとか、強く生きようとかじゃなく、ただそこにお魚がいて、逢えた！　って感動があまりにも大きいのであまり周りの声をダイレクトに捉えてなかった」（※4）

彼と共演した能年玲奈（現・のん）は「さかなクンがいるだけでその場が幸せな空気に

なります。すごいなんか楽しくなります」（※5）と評している。魚に一途でいたからこそ、周りなど気にせずに楽しむことができた。だから逆に、周りにもその楽しさが伝播する。さかなクンはまさに魚のように自由に社会を泳ぎまわっている。

（※1）日本テレビ「おしゃれイズム」２０１５年5月17日
（※2）ＮＨＫ総合「土曜スタジオパーク」２０１２年6月23日
（※3）「鈴木拓オフィシャルブログ」２００８年10月29日
（※4）ＮＨＫ総合「はに丸ジャーナル」２０１５年5月6日
（※5）フジテレビ「笑っていいとも！」２０１３年10月7日

「仲良し上手です」

篠原ともえ

（ＮＨＫ総合「スタジオパークからこんにちは」２０１４年6月20日）

数多くの大物芸能人と仲睦まじい交流をする篠原ともえを司会の清水ミチコが「転がし上手」と称すと、それに対し「仲良し上手です」と切り返した。転がしているわけではない、仲良くしているだけということだ。

篠原ともえは90年代後半に、ド派手で個性的な衣装と強烈なキャラクターで「シノラー」ブームを巻き起こした。格や年齢にかかわらず、物怖じせずハイテンションで接する篠原に戸惑う相手も少なくなかった。それでも篠原は「おとなしい方とかも、なんか篠原の事好きなのに照れてるんだろうなって思って」（※1）距離を詰めることをやめなかった。

だから相手の逆鱗に触れてしまうこともあった。たとえば吉田拓郎だ。「ＬＯＶＥ ＬＯＶＥ あいしてる」（フジテレビ）でＫｉｎＫｉ Ｋｉｄｓとともに司会を務めていた拓郎に、レギュラーだった篠原は「篠原がいるんだったら番組のレギュラー降りる」とまで毛嫌いされてしまったという。

「うるさい子が嫌だって言ってて。同じ楽屋にも入れてもらえなかったんですもん」(※2)

拓郎の機嫌が悪くなるからと待合室にも入れなかった。篠原はそれに落ち込むというよりは、びっくりした。けれど「『好き好き好き』って伝えてればぜったい通じると思った」(※2)。するとあるとき、拓郎がスタッフに「篠原、呼んできて」と言ったという。「アイツはいるとうるさいんだけど、いないと寂しいんだよな」と。そのときから篠原は一気に拓郎になついていった。

当時から篠原は衣装を自作していた。それが次々と流行を生んだ。そんな頃、篠原は拓郎に「篠原ってこれから大人になってどういう人生歩むと思います?」と相談したことがあったという。すると拓郎は「デザイナーになれるよ」と答えた。

「『えー、そしたら自分の服、カラフルにしてぇ、これからも行きますね!』って言ったら『違う、違う。自分の思っている思いっていうのは人に捧げるものなんだ。だから、人に作ってあげなさい』って言ってくださってたんですよ」(※2)

それが本当に実現した。2013年から松任谷由実コンサートツアーの衣装デザイナーに抜擢されたのだ。松任谷正隆との「ユーミンにどんな衣装を着させたい？」という会話から、過剰なまでに数多くのアイデアを熱烈にプレゼンし認められたのだ。

すっかり〝大人〟になった今でも、相手に「好き好き好き」と前のめりに伝え、自分を捧げることこそが篠原流「仲良し上手」の極意だ。

（※1）ＮＨＫ総合「スタジオパークからこんにちは」２０１４年6月20日

（※2）ＴＢＳ「サワコの朝」２０１４年2月22日

「いちばん最初に発した言葉が『好き』」

ジミー大西

（日本テレビ「ダウンタウンのガキの使いやあらへんで!!」２０１６年2月14日）

24時間一睡もしないでロングインタビューを受け続けるという企画に挑戦したジミー大西。一番最初の記憶を問われ、「大っきい石乗ってた」と謎の答えをしてみたり、女性インタビュアーに対して「小学校5年生から今までひとりエッチを欠かしたことがない」「1日最低5回、最高は13回」と言ってみたり、わずか3時間あまりで眠ろうとしてみたりと、本能が赴くままの内容だった。

だが、小学校の初恋を語りだすと、そのトーンが一変する。彼は小学3年生の頃、一人の少女・マキを好きになった。いちばん最初に発した言葉が「好き」だと言うのだ。

それまでは「言葉の記憶っていうのがホントに僕の中ではないんですよ」（※1）と本人

も述懐するように親が「病院に連れて行こうか」と心配するほど、周囲の人と喋れない子供だった。人とも話さず、空想の世界に浸りきっていた少年時代。他人と話さなかったからもちろん友達もいなかった。頭にカナブンを乗せれば空も飛べるはずと思い屋根から飛び降りて足を怪我したり、イスを神輿に見立て担いで遊ぶ「一人神輿」など一人遊びに興じる〝変わった〟子供だった。

マキはそんなジミーが描く絵が好きで興味深く覗きこむような少女だった。明らかに彼の絵は周りの児童とは違っていた。彼女はいつも彼を気にかけてくれた。いつしかジミーは、常にその少女のそばにいるようになった。夢中になると周りが見えなくなるジミーは、彼女への想いを抑えきれなくなった。突然授業中、みんなの前で叫んだ。

「マキさん、好き！」

そして夏休みが訪れる。それは、ジミーにとって長い間、彼女に逢えないことを意味した。我慢が出来ず彼女の家を訪ねても、留守で誰もいなかった。やがて待ちに待った新学期が訪れる。彼はやっとマキに逢えると、母親の化粧水を服につけて学校に行ったという。しかしいつまでたっても彼女は来なかった。彼女は突然病気で亡くなってしまったのだ。

マキと出会い、告白したことで、他の同級生にも少しずつ心を開けるようになっていた。

自分の閉ざされた世界を開かせるために、マキはこの世界に生まれてきてくれたのかな、とジミー大西は述懐している。だが、ジミーの開かれた世界に肝心のマキがいなくなってしまったのだ。

ジミーはいまも、マキが好きだと言ってくれた絵を描き続けている。

（※1）ＮＨＫ「わたしが子どもだったころ」２００８年8月25日

「フライドチキンのような大人になりたい」

清水富美加

（フジテレビ「ライオンのごきげんよう」２０１５年10月22日）

上田晋也が「初めての一人暮らし？」と尋ねると清水富美加はなぜか突然笑い出した。訝しむ上田が理由を尋ねると「いまちょっと外国の方っぽかったですよ」と言う（※１）。イントネーションが清水には可笑しかったらしい。とにかく常にケタケタと笑っている。彼女はそんなイメージだ。

清水富美加はＮＨＫ朝ドラ「まれ」のヒロインの親友役でインパクトを残しブレイク。いまやドラマのみならずバラエティ番組にも引っ張りだこだ。天真爛漫を絵に描いたようなキャラクターで、冒頭のように突然笑い出すこともしばしば。伝統あるラジオ番組「オールナイトニッポン」（ニッポン放送）のパーソナリティに抜擢されたときも、番組開始から突然爆笑していた。「オールナイトニッポンって!!　パーティーピーポーですか⁉」と、なんと深夜ラジオの代名詞とも言える番組タイトルにツッコミを入れてしまったのだ。

子供の頃は、モーニング娘。や大塚愛などの歌手に憧れた。中学2年の頃に事務所のオーディションに参加。だが、周りには自分よりもはるかに美人でスタイルのいい女性たちが並んでいた。これでは勝てない。清水は直感的に分かった。だから作戦を変えた。わざとマイクに頭をぶつけたり、最後の一言を求められるとミュージシャン・DAIGOのように気だるい口調で「グランプリください」などと言って、審査員を笑わせた。それが功を奏し、「グッドキャラクター賞」を受賞し、事務所に所属することができたのだ。天真爛漫なイメージとは裏腹に意外と戦略家でもあるのだ。「まれ」の時もそうだった。「朝ドラのヒロインなんて、言ってしまえばわかりやすく売れるじゃないですか。売れたかったんです」（※2）と気合を入れて挑んだオーディション。「一生懸命がんばります」と普通に挨拶する他の女優に対し、「一生懸命がんばるとか当たり前だから。ハイハイ、そういう感じね」（※2）と「オラオラモード」で印象を残した。

だが、ヒロインには落ち、親友役でのオファー。最初は断るつもりだったという。だが、父に相談すると「主役を張れる器じゃない」「修行してこい」と言われ、出演を決めた。

「フライドチキンのような大人になりたい」と一見意味不明なことを清水富美加は言う。

「印象がフワフワしてるのに、譲らないところは譲らないとか、私はこうやって生きていくとか、芯のあるような、骨のあるような女性になりたいなと思ったところによると、比喩表現として一番近かったのがこれだった」（※3）

彼女の天真爛漫さは自分自身を冷静に見つめる芯の強さの裏返しなのだ。

（※1）日本テレビ「おしゃれイズム」2016年4月3日
（※2）日本テレビ「しゃべくり007」2015年8月10日
（※3）フジテレビ「ライオンのごきげんよう」2015年10月22日

「ウケないと寂しいし嫌な汗流れるんで、そうしないために努力して、努力は見せないけど一生懸命やる」

志村けん

（ＮＨＫ総合「スタジオパークからこんにちは」２０１５年7月14日）

志村けんは65歳を超えた今でも「志村魂」で舞台に立ち続けている。それは「お客さんがいると直の反応がものすごく嬉しい」からだという。ウケるためにできる努力は一生懸命する。けれどその「努力は見せない」。

志村の笑いのこだわりは「動き7・言葉3」と「お決まりのネタ」だという。ずっと立って喋るのは苦手。それよりも子供からお年寄りまでみんなが笑ってくれる動きのある笑いのほうを好む。「やるのはわかってる、オチもわかってる、次こう言うってわかっててても笑っちゃうのは何だろうっていうとやっぱりこれなんですよ」と誇らしげに腕を叩く。

そして「名作」を作りたいと語るのだ。その言葉通り、志村は「バカ殿様」「変なおじさん」「ひとみばあさん」など数々の「名作」を世に残している。

子供の頃から音楽と笑いが好きだった志村がザ・ドリフターズの付き人になるというのは自然な流れだった。その約5年後の1973年、ドリフのメンバーである荒井注が引退を申し出た。いかりや長介たちは必死に慰留したが決意は固く引退時期を翌年に延ばすのがやっとだった。困ったいかりやが荒井の代役として白羽の矢を立てたのが志村けんだった。志村は12月から「見習い・志村けん」として番組出演を始め、74年3月の荒井注の引退に伴って、ドリフターズに正式に加入した。

だが、志村は加入から2年近くにわたって苦しむこととなった。まったく嚙み合わなかったのだ。「お客が身を乗り出して見てたのに、僕が出たとたんにサーッと引いて、シーンとなる。それが手にとるようにわかるから、つらかった。どうしても荒井さんと比べられるから、何をやってもダメで、悲惨だった」と志村は自著『変なおじさん』(日経BP社)で振り返っている。だから「ウケよう、ウケようとするから空回りしちゃって」(※1)余計にウケなくなってしまった。

転機になったのが「東村山音頭」だった。よく母が歌って耳にしていた曲を休憩中などに遊んで歌っていたのをいかりやが面白がり、それをアレンジして歌ったのだ。この大ヒットがきっかけとなり、志村の才能が開花する。

「一生懸命やってる姿を見ても笑ってくれない。『お前らふざけてるんじゃないの、遊んでんじゃねえの？』っていう姿を見せるようになってから、はじめてホッとして笑える」（※1）

努力は決して見せない。全力で楽しそうな姿を見せることこそが、「名作」を生むのだ。

（※1）フジテレビ「ウチくる⁉」２０１４年11月30日

「俺は好感度よりも実際に逢うた人に感じええと思われる人生を歩みたいと思ってる」

笑福亭鶴瓶

（テレビ東京「チマタの噺」２０１５年2月3日）

「鶴瓶師匠と話していると、『あれ、この師匠は世界中の人と繫がってるんじゃないかな？地球の中心は、この人なんじゃないかな』」（※1）

立川志の輔はそんな風に錯覚してしまうと笑福亭鶴瓶を評した。マクドナルドのＣＭに起用された時のコピーは「出会いの天才」だ。たとえば、鶴瓶の携帯電話には「鶴瓶の家族に乾杯」（ＮＨＫ総合）のロケで出会った素人からも電話がかかってくる。30年前トイレを借りただけの関係だった人との交流がいまだに続いているという。ロケで出会った中学生が成長し結婚したときにも花と電報を送る。そして、彼らと交流することによって、時に信じられないような偶然や面白い場面に遭遇し、それが笑いのネタにつながっていく。類まれな出会いの強運を持っているようにみえる。だがそうではない。「運ってなんだろうっていうと、ぼたもちが落ちる位置にいること」(※2)なのだ。

「これからの芸人に必要なのはいかに遊ぶかやねん。飲む打つ買うじゃなくてね。人見知りしない。時間見知りしない。場所見知りしない。そこに対していかに助平であるか」(※3)

即ち、「縁は努力」(TBS「リシリな夜」2013年12月22日)なのだ。

「俺に話しかけるとき、ちょっとみんな笑てはるやろ」と鶴瓶は彼に親しみを持って近寄ってくる人たちを振り返って言う。「俺、それ、望んでたんやもん。若いときから。自然にしてるというよりも、目指さないとできない。子供が『ツルベ！』って言ってくれるのは、『ツルベ！』って言ってもらおうと思ってやってることなの」(※1)

そうなるために鶴瓶は「逢うた人は絶対に逃さない。ものすごい笑顔でサインもするしなぁ、写真もとるし。ジャブが効いてくるねん」と語り、「言うとくけど俺、日本で一番サインしてるよ。二千円札より俺のサインのほうが多いわ」(※4)と笑い胸を張る。大事にしているのは単なる「好感度」ではない。いかに実際に逢った人から「感じええと思われる」かだ。

タモリは鶴瓶を「自閉症」ならぬ「自開症」と称している。鶴瓶は、どこにでも積極的に赴き、そこで出会った人に誰とでも心を開き交流する。そしてその縁を大切にして、次の出会いにつなげていく。そうしているうちに、奇跡のようなエピソードがたまっていく。だが、それは決して奇跡ではない。彼が心を開いて接するから、相手も「ツルベ！」と心を開き、その人の面白い部分を見せてくれるのだ。

（※1）「SWITCH」2009年7月号
（※2）TBS「A-Studio」2013年6月28日
（※3）舞台「The Name」パンフレット
（※4）テレビ東京「チマタの噺」2015年2月3日

「一品加えることが重要」

杉村太蔵

（テレビ朝日「ストライクTV」2014年2月24日）

2005年の衆議院選挙で当選し国会議員になった杉村太蔵。だが、失言を繰り返し、当選からわずか2週間後に謝罪会見を行った。新人議員が単独で会見することは自民党結党以来初めてのことだったという。彼は違法行為をしたわけでも、差別的な発言をしたわけでもない。「早く料亭に行ってみたい」だの「念願のBMWが買える」だのと浮かれた発言をしただけだ。そんな失言をしてしまった理由を「MAXテンション上がりました！」（※1）とバカ正直に語る。だが無理もない話かもしれない。まだ20代半ばの一介のサラリーマンにすぎなかった若者が、当選した瞬間に「先生」と呼ばれ、いきなり運転手付きの車が用意され、秘書も付いた。有頂天になるなという方が難しい。

杉村が議員を志したのは当選のわずか1ヶ月前。証券会社の上司から郵政民営化の動向を調べるよう指示を受け、自民党のホームページを見たのがきっかけだった。候補者を募集していることを知った彼は小泉純一郎へのラブレターのつもりで論文を書き応募。すると「自民党本部です。すぐ来てください」という電話が。あれよあれよという間に選挙に突入したのだ。

会社員時代の杉村は「一歩先行くサラリーマン」だったという。たとえば、「ボールペンを持ってこい」と指示を受けた時、指示通りボールペンを一本持っていく人間は出世しない。「どういう奴が出世するかと言ったら、3本パッと持っていく奴。赤、青、黒。それにメモ帳を持って行く奴は出世しますよ」と杉村は言う。「僕はずーーっとそれやってたんです。一品加えることが重要です」（※2）

どんな雑事でもバカ真面目に取り組み、相手の期待以上の結果を常に出すよう心がけた。そもそも彼が証券会社に就職できた経緯もそうだ。ビル清掃の仕事をしていた彼は、バカ真面目に汗だくになりながらピカピカに掃除をした。幸運にもその仕事ぶりをたまたま見た証券会社のトップに認められ採用されたのだ。

杉村太蔵は失言してしまう人の特徴を「類まれな強運を持っている」人だと分析した（※

2）。確かに幸運によって環境が変われば、有頂天になってしまうものだ。だが、彼の幸運はバカ真面目に仕事に取り組んだからこそ生まれたものだ。いまや杉村太蔵は「タレント議員」ならぬ前代未聞の「元議員タレント」として引っ張りだこ。バカ真面目さとバカ正直さで失言をしてしまったが、一方でそれによって彼は唯一無二のポジションを手に入れたのだ。

（※1）テレビ朝日「しくじり先生 俺みたいになるな!!」２０１５年１月８日
（※2）テレビ朝日「ストライクＴＶ」２０１４年２月24日

「並大抵のやつだったら、俺殺せるなって思って」

鈴木拓

（日本テレビ「ダウンタウンのガキの使いやあらへんで!!」２０１５年1月11日）

ドランクドラゴンの鈴木拓といえばＳＮＳなどで「炎上」したとよく騒がれている。けれど、大勢の人から「クズ」「死ね」などと誹謗中傷を浴びながら、鈴木は平気な顔をしている。それはなぜか。「並大抵のやつだったら、俺殺せるな」と心の中で思っているからだ。鈴木はブラジリアン柔術という格闘技をやっている。その強さは芸人の間では有名だ。たとえば、養成所時代、同期の生徒たちが芸人ノリで挑んできたという。10人を一人ずつ順番に相手にし、その全てに勝利。しかも、ギブアップしなかったからと3人もの骨を折ってしまったという。だからたとえ番組でスベったとしても「この司会者、どうせ殺せるし、いっか」と気持ちが強くなり前向きでいられるのだ。

また鈴木は「相方も『はねるのトびら』も金にしか見えなかった」（※1）とも言う。「はねるのトびら」（フジテレビ）はドランクドラゴンの他、キングコングやロバートら、当時の次世代のエース候補を集めた番組だった。キングコングの二人やロバートの秋山竜次、そして相方の塚地武雅の人気が爆発する中、鈴木はずっと脚光を浴びることが無かった。だが、当時、相方とギャラは折半。「はねるのトびら」もエンドロールに名前が載るだけでちゃんとギャラが振り込まれていた。自分はいつでも相手を殺せるという「強さ」と「金」だけが荒んだ鈴木の精神を安定させていた。

鈴木は代議士を祖父に持つ家に生まれた。プロボクサーのライセンスを持つ父はとんでもない男だった。鈴木に友達を呼んでこさせると、突然グローブを渡し、殴り合いをさせたりした。そんな父の暴力性に耐えかねて母は鈴木を連れて逃亡。母の実家に身を寄せることになった。そこから鈴木は一気に貧乏生活を強いられるようになってしまった。鈴木が「強さ」と「金」に執着するのはそんな少年時代の体験から来ているのだろう。

中学・高校はサッカー部だった。朝から晩まで血反吐を吐くような思いで練習してもずっと補欠だった。最後の試合、〝お情け〟で先生が補欠を次々に試合に出していったが、最後に呼ばれた鈴木への指示は「肩揉め」だった。その時、「才能がないものを努力したところで、何の意味もない」ということを悟った。努力は無駄にならないなんて綺麗事。

「センスのないものは努力などするな！」だと。努力をしないということではない。努力する方向を間違うなということだ。彼がそう言い切れるのは無駄な情緒や希望を排し、「金」と「強さ」だけを信じて生き抜いてきたからに他ならない。

（※1）日本テレビ「ダウンタウンのガキの使いやあらへんで!!」2015年1月11日

「松たか子と妄想で付き合うことにしたんですよ。でも松本家を支えられなかった」

関根勤（フジテレビ「有吉弘行のダレトク!?」２０１４年10月28日）

関根勤といえば、一般的に「理想のお父さん」などのアンケート上位の常連で爽やかで清潔感があるイメージだ。だが、ラジオなどのイメージはまったく違う。〝エロ妄想〟の権化だ。

例えば、関根は優香と17年もの長い間、付き合っている。もちろん、妄想で、だ。そして遂には「男女の愛っていうのは永遠じゃないって気づいたわけよ。だから、ずっと永遠の愛はないかなと思ったら、優香ちゃんから生まれてくれればいいんだと」（※1）などという訳の分からない境地に至り、「俺は優香ちゃんの子供なの」と言い出す始末。

笑福亭鶴瓶は関根の最大の武器を「幼稚」だと分析している。

「お笑い人っていかにずっと幼稚でいれるか。あんな幼稚ある？　幼稚の塊やんか」（※2）

確かにこんな妄想に取り憑かれるのは「幼稚」だ。しかし、関根の妄想が特異なのは、妄想にもかかわらずその設定がシビアな点だ。関根はある妄想で松たか子と付き合った。だが、その妄想は家族との関係にまで及び、「松本家を支えられない」という結論に達してしまうのだ。

「お父さんの舞台も観に行って挨拶行って、お兄さんの歌舞伎でタニマチのとこ行ったりもしなきゃいけないじゃない。耐えられなかった」（※3）

関根がこだわるのはギリギリのリアリティである。妄想だからといって、何でもありでは面白くない。だから、ディテールを疎かにしない。

「僕にとっての妄想は、自分の中では『ないものねだり』をいかに消化するか、という作業をやっているだけなんです。『アクション映画のスターのようになりたい』とかね。でも現実にはなれない。だから映画のストーリーを脳の中でやってしまおうと。それが妄想の原点なんです」と関根は茂木健一郎との対談本『妄想力』で語っている。

「例えば、授業がつまらないと思ったとするでしょう。そんな時は『これは忍耐力を鍛えているんだ』って思えれば、授業の意味も違ってくる」（※4）

関根にとって妄想は、ポジティブに生きるための技術なのだ。以前出版された自身の評伝『関根勤は天才なのだ。』（山中伊知郎：風塵社）の帯に関根はこうコメントしている。

「ビックリしたよ、これ読んで、俺、ピンチの連続だったって分かったよ」

常にシビアな設定の妄想の中で前を向き続ける関根にとってピンチはピンチなどではない。大好きな妄想に至るための材料にすぎない。

（※1）日本テレビ「ナカイの窓」2014年9月10日
（※2）TBS「A－Studio」2014年8月29日
（※3）フジテレビ「有吉弘行のダレトク!?」2014年10月28日
（※4）『妄想力』関根勤・茂木健一郎（宝島社新書）

「明日の1万より今日の千円って考え方してるから」

高田純次

（NHKEテレ「ミュージック・ポートレイト」2014年7月17日）

高田純次の「軽い」ように見える生き方はいま多くの人にとって「憧れ」の対象になっている。だが、高田は「意外と軽く生きてない」と反論する。そして自分の生き方を「明日の1万より今日の千円って考え方してるから」と端的に示した。

高田といえば「適当」だ。あのタモリをして、高田を見ていると「不安を覚える」と言わしめている。

「（高田は）厚みをなくそうとか、目指してないように見えるんだよね。だからすごいんですよ。こっちは多少、目指してるところあるから」（※1）と。そして「ああいう人が、ちゃんと成立する分野がないと、やっぱり社会はおもしろくない」（※1）とまで絶賛されているのだ。

高田は芸能人としては〝遅咲き〟だ。挫折、挫折の人生だったという。高校も大学も第一志望の学校に入ることができなかった。

「それで少し斜に構えて見てるところがあるのかもしれないね。期待しすぎないというか」（※2）

デザインの専門学校に進学したが、就職も決まらなかった。そんな時たまたま観た演劇に感銘を受ける。高田は役者を志し、自由劇場の研究生に合格。だが、そこでも芽が出ず、同じ研究生だったイッセー尾形と劇団を立ち上げるが鳴かず飛ばずの日々が続いた。やがて夢を諦め宝石デザイナーとしてサラリーマン生活を始めると「新進気鋭のデザイナー」などと高評価を得た。しかし、30歳の頃、劇団時代の仲間だった柄本明やベンガルと偶然再会。『魔が差した』としか言いようがない」（※2）と役者の夢が再燃し、会社を辞めてしまう。

高田が注目されるきっかけは不慣れなバラエティの世界に飛び込んだ「笑ってる場合ですよ！」（フジテレビ）。そして「天才・たけしの元気が出るテレビ!!」（日本テレビ）で大ブレイクを果たした。

「時代の波というのが分からない。（略）とにかく目の前のものはとりあえず食いついて

いこうとする。だから、新しい波をつかまえることはできなくても、いつの間にか波を乗り越える船に乗り合わせている」（※2）

人は過去の栄光に浸ったり反省したりしながら、未来を思い不安や希望を抱くものだ。それが人としての重みとなり生きる糧になる。しかし高田は挫折を繰り返し、先の見えない日々を送ってきたことで、過去や未来を考えても仕方がないという境地に至った。高田が「軽く」見えるのは、目の前のことだけに懸命だからだ。それは普通怖いことだ。高田流の「適当」とは今を刹那的に生きる覚悟のことなのだ。

（※1）WEB「ほぼ日刊イトイ新聞」2004年1月2日

（※2）『適当論』高田純次（ソフトバンク新書）

「顔がこってる。顔芸だから、基本。顔に力入っちゃう」

滝藤賢一

（TBS「情熱大陸」2014年9月7日）

滝藤賢一、といってもピンと来ない方もいるかもしれない。だが、ドラマ「半沢直樹」（TBS）で主人公（堺雅人）の同期・近藤といえば、あの鬼気迫る表情や血走った瞳が思い浮かぶのではないか。滝藤は整体を訪れると「顔がこってる」と漏らした。「顔芸だから、基本。顔に力入っちゃう」と。

19歳で映画監督を志し上京。程なく、俳優として塚本晋也監督の映画「BULLET BALLET」のオーディションを受け見事合格。それを機に俳優の道に進むことを決心した滝藤は、1998年に仲代達矢が主宰する「無名塾」に入門。同期にはあの真木よう子もいた。

「無名塾に受かった時は〝やった！　これで売れる！　なんてツイている人生なんだ〟って、思いましたからね……入ったら全然違いましたけど（笑）」（※1）

掃除から始まり、砧公園を走り、朝から晩まで吐きそうになるくらい厳しい稽古が続く毎日。「役者とは生涯修行」（※2）という仲代の哲学を徹底的に叩き込まれた。生活は親からの仕送りに支えられた。だから、「逃げたらいかんってところじゃない？　親から何十年も仕送りしてもらって。今更後に引けないというか」（※3）と簡単に俳優を辞めることはできなかった。そんな滝藤に転機が訪れたのは原田眞人監督の映画「クライマーズ・ハイ」への出演だった。

「『汚い台本ですね』ってよく言われる。でも僕にとっては褒め言葉」（※3）と言うように、台本の余白が真っ黒になるくらい、書き込み、呼吸する位置まで決めたという徹底した役作りで強烈な印象を与えた。それがその後の映画「踊る大捜査線」シリーズの中国人役やドラマ「外事警察」（ＮＨＫ）の公安刑事役、そして「半沢直樹」の近藤役に繋がっていった。

演技の参考にするのは主に海外の映画だ。たとえば「ゴッドファーザー」のアル・パチーノ。

『うわー』って手を広げて泣くんだけど、涙が全然出てないんだよね。哀しみとかそういう背負ってきたものがブワーッと見えるから涙ってあんまり必要ないんだなって思うわけ」（※3）

「クライマーズ・ハイ」でもそれを参考にし、感情を爆発させ泣くシーンで涙を落とさなかった。大事なのは、その表情から浮かび上がる、それまで背負ってきた人生だ。まさに〝顔芸〟。真っ黒になった台本にはモットーにしている言葉が書かれている。

「個性は演技で作るものではない。そいつの持っているもんだ」（※4）

その顔に「生涯修行」と歩んできた人生が宿っている。

（※1）ＷＥＢ「日本映画劇場」
（※2）ＷＥＢ「役者魂.jp」２０１２年５月15日
（※3）日本テレビ「アナザースカイ」２０１４年９月５日
（※4）ＴＢＳ「情熱大陸」２０１４年９月７日

「二代目です。初代がライオン。二代目百獣の王」

武井壮

（フジテレビ「ウチくる!?」2015年6月21日）

インターネットで「百獣の王」を検索すると1ページ目が全部自分に関するページだった。だから武井壮は自分こそ「二代目百獣の王」だとうそぶく。今やテレビタレントとして引っ張りだこの武井壮は元々陸上の十種競技で日本一になったアスリートだ。

「陸上でチャンピオンになったらスターになれると思ってた」（※1）という彼は、日本選手権で優勝した翌日、必要以上に街をブラブラと歩いた。だが、当然のように誰からも声をかけてもらえなかった。そんな状況にショックを受け「なんで自分を認めてくれないんだ」などと悪態をついていた。

「僕は自分の競技力が上がれば、それでいい、それが全てだと思っていた。そうすれば、人間としての魅力も、価値も上がると思っていた。（略）若い頃は今より力はあった。しかし、魅力のない人間だった」(※2)と当時を振り返る。

そんなとき、森山直太朗のライブを観て衝撃を受けた。それまで「地味だね」などと笑っていた女の子たちが、森山がポロンとギターを弾き始め歌い出した瞬間、泣き出したのだ。森山が歌ったり、喋ったりするだけで、5000人が泣き出し、笑顔になり、ジャンプしだしたりする光景を目の当たりにした。

「魔法使いやないか！」

驚嘆した武井は「自分の価値というのは、自分の能力ではなく、自分を欲してくれる人の数なんだ」(※2)と悟った。

彼は現在もタレント活動の傍ら、陸上競技を続けている。マスターズの世界大会では200mで銅メダルを獲得し、リレーではアジア記録を叩きだした。確かに若い時より体力は落ちている。しかし、今のほうが、その結果を見て喜んでくれる人がはるかに多い。

「俺がチャンピオンになりたいっていう欲を達成してる場合じゃないなって思って。そんなことより自分がやっていることで誰かが笑顔になったり幸せになったりするほうがよっぽど価値があるんじゃないかって」(※1)

人間は思っていることは達成できる、と武井は言う。陸上で日本一になれると思っていたら競技経験わずか2年半で実現したし、「『百獣の王』になろうと思った時も『いつかなれるんじゃないか』って思ってたら、なっちゃった」（※1）と。いや、なってないなどという常識的なツッコミは武井には聞こえない。
「魔法使い」のようにみんなを魅了したいと思い続けた彼は魔法でも使ったようにいつの間にかテレビの中心に立っているのだ。

（※1）テレビ朝日「ブラマヨとゆかいな仲間たち アツアツっ!!」2014年1月18日
（※2）WEB「THE PAGE」2014年6月8日

「なりきろう、龍馬に！　なりきろう、おりょうに！」

武田鉄矢

（日本テレビ「笑神様は突然に…」２０１４年11月７日）

芸能界屈指の坂本龍馬フリークで知られる武田鉄矢。寺田屋事件のあった場所を訪れた武田が、共演者が呆れているのをよそに歴史の名場面を再現しようと「なりきろう、龍馬に！　なりきろう、おりょうに！」とひとり興奮して叫ぶ。

武田鉄矢の龍馬好きは筋金入りだ。司馬遼太郎の『竜馬がゆく』を読んで以来、40年以上のファン。今でこそ愛好者の多い坂本龍馬だが、当時はまだ知る人ぞ知る存在。だから18歳で初めて龍馬の墓参りに訪れたとき、訪れるものは誰もおらず墓を〝独り占め〟できたという。墓に通っているうちに「龍馬の骨が欲しい」というおかしな願望まで持ち始めてしまう。「ひょっとしたら骨の一本くらい外に出てるんじゃないか」と墓の周りを丹念に見回る奇行に及んだこともあった。

龍馬が好きすぎるあまり、とんでもない持論まで抱いてしまう。「龍馬がジーンズを穿いていたはず」というものだ。同じく幕末好きのビビる大木は武田からその〝説〟を聞いて「そんなわけないじゃないですか！」とツッコむが「龍馬が穿いてる袴の写真見たことあるだろう？　あれ、よく見たら、ジーンズだと思う」「俺は調べたんだよ、あの時代、リーバイスが創業してるんだよ。ビビる、あれはリーバイスだ！」と熱弁。白洲次郎が最初のはずだと反論する大木を武田は鼻で笑って言う。

「白洲ぅ？　勘弁してくれよ、ビビる！　坂本がジーンズ穿いてたよ！」（※1）

武田は龍馬の魅力のひとつに「スキが多いところ」を挙げている。スキが多いから人に好かれるのだと。そして「弱さ」も魅力だという。「男が最もみっともないところを見せた瞬間、女がそこにたまらなく愛嬌を感じる。愛嬌とは何かといえば『弱さ』」（※2）だと。だから武田が描く龍馬像はカッコ悪くスキだらけだ。

「バカにされているスキの多さが、それが愛嬌になっていく。男って最後は愛嬌で繋がっていくんですよね」（※2）

「スキの多さ」と「弱さ」と「愛嬌」。それは武田鉄矢そのものだ。「坂本っていうのは、語られることによって出現した英雄」(※3)と武田は言う。独断を交え龍馬を語り続け、なりきってきたのが武田鉄矢だ。実像とはズレているかもしれない。だが「金八先生と自分は違う」ように「そのズレがあるから余計に響く」(※4)。独断の分だけ、龍馬はもちろん、武田鉄矢の魅力も伝わっていったのだ。

(※1)TBSラジオ「小島慶子キラ☆キラ」2010年3月22日
(※2)「映画秘宝」2011年2月号
(※3)「TV Bros.」2010年12月15日号
(※4)日本テレビ「心ゆさぶれ!先輩ROCK YOU」2011年3月19日

「とにかく猫を飼いましょう！　ニャーオ」

田中裕二

（TBS「櫻井有吉アブナイ夜会」2015年11月19日）

「田中力」という言葉がある。

伊集院光が爆笑問題の田中裕二の凄さを形容した言葉だ。よく爆笑問題でクローズアップされるのは天才・太田光のほうだ。だが、伊集院はこのコンビを「天才と化け物」だと称している。

例えばこんな場面に「田中力」は発揮される。様々な分野の専門家とトークを繰り広げる「爆笑問題のニッポンの教養」（NHK総合）という番組があった。ある回では哲学者の教授と太田が熱い意見を交わす激論となった。普通のタレントならばここで「何も考えていない」と思われたくないから自分の知識を総動員して何か自分なりの意見を言おうとするものだ。だが、田中は違う。「俺、分かんねー」と衒《てら》いなく言えてしまうのだ。

「田中さんの凄いのはね、超一流の剣術の人が真剣を持って斬り合っている真ん中に、ぼんやりとボールを拾いに行ける感じ。『キャッチボールしてたら来ちゃったんで』って。それで斬られない感じ」（※1）

「情熱大陸」（TBS）で密着されたときもそうだった。太田編と田中編で2週にわたって爆笑問題を取り上げるという企画があった。だが、2010年5月3日の「伊集院光深夜の馬鹿力」（TBSラジオ）によると田中のあまりの「何もなさ」にディレクターは困り果て伊集院にコメントを求めに来たのだという。その際、伊集院にディレクターは言った。「あの人はね、猫と野球と仕事しかないいんです！」と。異常なスケジュールと太田という異常な才能の傍らに常にいるという異常な空間の中で田中は「猫が可愛い」か「今日は巨人が勝った」しか言わないのだ。どんなにカメラを回しても、それらしいカッコイイ言葉を言わず、やはり「猫が好き」「巨人がんばれ」しか言ってくれない。その「何もない」田中編の放送の視聴率が、太田の回を上回ってしまう。それを「田中力」と言わず何と言えるだろうか。

爆笑問題の所属事務所社長・太田光代は「田中が好きなものは、当たる（ヒットする）んですよね」（※2）と言う。確かに田中の好きな「猫」や「スイーツ」は大衆受けしている。

彼の好きなアイドルも王道だ。普通芸能人は「普通」であることを嫌う。だが田中にはそんな不要な自意識はない。芸能界という異常な世界で臆面もなく「普通」を保ち続けている。それこそが「田中力」なのだ。

田中は猫の可愛さを熱弁した後、視聴者に呼びかけた。

「とにかく猫を飼いましょう！」

そして「ニャーオ」と恥ずかしげもなく猫の鳴き声をつけくわえた。

（※１）ＮＨＫ総合「爆笑問題のニッポンの教養」２０１０年２月２日

（※２）ＴＢＳ「クメピポ！絶対あいたい１００１人」２００９年４月22日

「ほとんど自主規制なのよ。タブーなんかない、この国には」

田原総一朗

（ＮＨＫ総合「放送90年　歴史を見つめ未来を開く」２０１５年3月21日）

「今、テレビでは言いたいことが言えない」という意見に田原総一朗は「ほとんど自主規制なのよ。タブーなんかない、この国には」と反論する。田原は最近のテレビがつまらないといわれる原因は「コンプライアンス」という言葉だという。コンプライアンスは本来「法令遵守」ということ。だが、いつしか「クレームがくる番組はやめよう」という意味に変わってしまったのだ。

田原総一朗がテレビ業界に入ったのは、東京12チャンネルと呼ばれていた頃のテレビ東京。当時彼は、「コンプライアンス」重視の今のテレビではありえない数々の〝問題作〟を制作している。たとえば「金曜スペシャル」で放送された「日本の花嫁」（１９７１年）

という作品。ヒッピーのカップルが裸で結婚式を挙げる模様を撮影したものだ。ところが、現場で「ディレクターも裸になって花嫁とセックスしないと取材を許可しない」と言われた田原はその求めに応じたのだ。何人もの裸の男女が抱き合っている映像がゴールデンタイムに放送されたということだけでも凄いのに、その中にディレクターである田原も混じっていたのだ。「タブーなんかない」と断言するのもうなずける。

テレビ東京社員でありながら映画も撮った。それが「あらかじめ失われた恋人たちよ」だ。桃井かおりがデビューし、過激な濡れ場を演じている。「裸になってセックスして」と田原に言われた桃井は「なぜ?」と尋ねた。すると田原はきっぱりと言い放った。「実存だよ!」と。

「それで通じたの、当時は。『実存だよ!』って」（※1）

田原はドキュメンタリーの本質を「相手のプライバシーを侵す」（※2）ことと語っている。

現在の田原総一朗は「朝まで生テレビ!」（テレビ朝日）などの討論番組が主戦場になった。討論番組も田原にとっては「ドキュメンタリー番組」なのだ。

「僕は今でもディレクターだと思ってるんですよ。キャスターや司会だとはまったく考えていない」（※2）

田原は討論相手によく「知ってる？」と問いかける。四宮正貴に「聖徳太子って知ってる？」と当たり前のことを尋ね「無礼だ」と激怒されたこともある。これは「本音をしゃべらせたい」からするのだという。相手の感情を刺激することで、相手が「タブー」だと思い自主規制して抑えている本音を引き出しているのだ。

「場合によっては取っ組み合いのケンカになってもいい。しょうがないですね。例えばそこで死人が出ても、それはしょうがない」（※2）

（※1）ＴＢＳ「クメピポ！ 絶対あいたい１００１人」２００９年5月27日

（※2）「ＴＶ Ｂｒｏｓ．」２０１０年10月16日号

「単純にモテるって言葉だけで片付けてほしくない」

田村淳

（ＮＨＫＥテレ「ＳＷＩＴＣＨインタビュー 達人達」２０１５年1月24日）

ロンドンブーツ1号2号の田村淳は「モテる」。だが、「モテる努力もしてるんだから」と語った上で「単純にモテるって言葉だけで片付けてほしくない」と主張する。ただ顔が良くてモテている人と「同じ『モテる』って単語にしてほしくない」と言うのだ。

ずっと「モテる」ことを意識して生きてきた。転機は小学校3年の時。その頃、淳はいじめられっ子だった。淳は自分を変えようと目立つポジションに身をおくことを決意し、学級委員長に立候補した。すると生まれて初めて女子から告白された。

「何か一つ秀でると女子から羨望の眼差しを向けられるのかと知ったら、またどんどん気持ちよくなって、今度は自分の好きな子が告白してきたら良いなと思うようになった」（※1）

淳は、もっと目立たなきゃと、運動会の応援団長や鼓笛隊の指揮者をやり、ついには児童会長に立候補した。モテる人とモテない人の違いは「行動力」の有無だと淳は断言する。淳は常に「今、女子は何を求めてんだ?」を考えて行動してきた。中学になると「面白いやつ」がモテたから、率先してクラス会の進行を買って出た。

その相手を「女子」から「共演者」や「スタッフ」、あるいは「視聴者」に変えたのが今の淳の司会に生かされている。

「(周りが)楽しそうにしてるのが、楽しい」(※2)

常に淳が最優先するのは自分ではなく、周りだ。周りを楽しませることで、結果自分が楽しくなるのだ。「その人が何を望んでいるのか」、「どういうことを欲しているのか」を常に考え、その思いを照れずに伝えているから共演者は淳に気持ちを預けてくれる。だから、普段の番組では見せない顔を見せてくれる。それがそのまま淳の司会の評価につながっていく。

「目指すのは一番の聞き上手」(※3)だという。「他人のいいところを見つけてあげれば、その人は嬉しくなってよりしゃべってくれる」(※4)のだ。

多くの冠番組を抱えた今でも、淳は類まれな行動力を発揮し、ネットや海外へ活動の場を広げている。相方の田村亮は淳を「純粋」と評している。確かに淳は、相手が求めることに応えることにまっすぐだ。その一心で、相手を分析し、策略を練り、試行錯誤し、柔軟に考え方を変化させる。相手に喜んでもらえるなら、手段を選ばない。行動力と純粋さ。それこそが淳の「モテる」極意であると同時に、淳流の司会術なのだ。

（※1）『ロンブー淳×森川教授の最強の恋愛術』田村淳・森川友義（マガジンハウス）
（※2）ＮＨＫＥテレ「ＳＷＩＴＣＨインタビュー 達人達」２０１５年１月24日
（※3）ＴＢＳ「情熱大陸」２０１２年２月12日
（※4）ＮＨＫ「課外授業 ようこそ先輩」２００９年10月18日

「もうベタベタしたい」

タモリ

（フジテレビ「27時間テレビ」２０１４年7月27日）

この日、タモリは「笑っていいとも！」最終回以来の久々のフジテレビ生放送への出演だった。その時、タモリは今までと明らかに雰囲気が違っていた。タモリはかつての「笑っていいとも！」のスタッフなどに会うと、ベタベタしたくなると言うのだ。「いいとも！」のレギュラー陣とも「集まりたい」と即答する。そして「ベタベタしたい」と。

これまで、タモリは共演者やスタッフとは一定の距離をとっていた。古くからの友人である山下洋輔が「普通はタレントとしてある程度になると自分が親分になってグループを作るんだけど、タモリは一切そういうことをしないからね。そのセンスがかっこいい」（※1）と評しているようにタモリは派閥やファミリーを決して作らなかった。

タモリがもっとも気を遣っているのは他者との距離感だ。その距離感こそ〝タモリ的〟だった。

「『人間、お互い話せば分かる』なんてウソ」「話せば話すほど言葉にだまされて、ますますわかんなくなる」(※2)と悟ったタモリが得た格言は『話せば、わかる』じゃなくって『離せば、わかる』」(※2)だ。

今までタモリは誰とも必要以上にベタベタしない距離を保っていた。それはたとえ好きな人でも仕事上付き合う必要がある以上、距離が縮まりすぎると、「自由」な関係でなくなってしまうからだ。「お笑いをやっていてどういう境地に行きたいのかというと、僕の場合、自分が自由になれることなんです」(※3)というようにタモリは常に「自由」を求めている。だから〝いつ来ても、出て行ってもいい〟というような乾いた関係を保ち、他者との関係も自由で縛られないことにこだわっていた。しかし、今は「ベタベタしたい」という。

「楽しいんだよ、(『いいとも!』が)終わってから。終わってからの方が人間関係が円滑にいくね」(※4)と笑うタモリに「タモさんが変わった感じがする。なんかこう、すごい開けてる感じ！」と香取慎吾が嬉しそうに言った。

「なんかどっかにあるんだろうな。踏み込んじゃいけない、これぐらいの距離感を保っておかないと仕事ができないとか。俺は思ってなかったんだけど、どっかにあるんだろうけども、それが無くなっちゃうとほんっとに仲良くしたいんだよ」（※４）

タモリはＳＭＡＰ５人とぴったり密着して添い寝をした。それはようやくタモリが本当の意味での人間関係の「自由」を手にしたことを象徴するような幸福な光景だった。

（※１）「クイック・ジャパン」ｖｏｌ・41
（※２）「ＪＵＮＯＮ」１９８９年８月号
（※３）『ことばを磨く18の対話』加賀美幸子：編（ＮＨＫ出版）
（※４）フジテレビ「27時間テレビ」２０１４年７月27日

「自分の存在は極力消すようにしています。自我の電源を切る」

壇蜜

（ＮＨＫ総合「バラエティー生活笑百科」２０１５年８月１日）

壇蜜はグラビア写真を撮影するときなどは、編集者やカメラマンが作り上げた世界観を壊さないように、自分がやりたいことなどの欲求を捨てるのだという。それを彼女は「自我の電源を切る」と表現している。「自分」を消した壇蜜は２０１２年頃からグラビア雑誌を席巻。その後は、テレビにも引っ張りだこになった。

最初に彼女の魅力に飛びついたのは、いわゆる「おじさん」層だ。「壇蜜は日本の女性の価値観変えてますよね、今。彼女は文学の匂いがする」（※１）とテリー伊藤が評するように、彼女からは文学的知性を感じる。ただの「エロさ」だけではないその知性が、ある種の言い訳となって「おじさん」たちは堂々と彼女を支持していたのだ。その秘訣を壇蜜は「やっぱり『よりダサく』なるように心がけていたという。「ナウさはいらない、ダサくあれ。ダサくないと受け入れられない。古臭く」(※2)と。「ナウさ」つまり新しさは、「冷たさ」だと壇蜜は言う。知らない人は受け入れられない。だからあえて「ダサく」「古臭く」振る舞ったのだ。その「古さ」が男性に受けたのだ。

一方、テレビ出演を機に女性ファンも急増した。その理由についても壇蜜は見事に自己分析をしている。

「私よくライターさんや作家さんに、『女のパロディ』って言われてるんですよ。女のパロディだってことがだんだんわかられてきたからこそ、みなさん『あ、この人は敵じゃない』って思えるようになったのかもしれないですね」(※3)

女性自体をパロディにすることで、新たな女性の価値観を提示する。そこに自分自身はない。「タレントなんてCS(顧客満足)の為に生きてるようなものですからね」(※4)と。

「自分はどうして壇蜜になるのかっていったら、多分、自分のためじゃないのが正解だと思ってるんですよ。喜んでもらう人たちのための壇蜜であるんだろうなって思って。だから齋藤支靜加(本名)は喜んでもらう人のために壇蜜になったんだろうなって」(※4)

そんな風に徹底して他人の求める女性像を具現化することで、今、壇蜜は壇蜜としか言いようもない存在感を放っている。自分の存在を消すことによって、逆にその個性と生き方が浮き彫りになっているのだ。「女性のファンからどう見られたら嬉しいか？」という問いに壇蜜はこう即答した。

「新しい選択肢ですかね。そういう生き方もありかなあと」（※4）

（※1）ＮＨＫ総合「紅白歌合戦」副音声２０１３年12月31日

（※2）「本の話ＷＥＢ」２０１４年10月10日

（※3）フジテレビ「ボクらの時代」２０１３年12月29日

（※4）ＴＢＳ「ＮＥＷＳ23」２０１３年５月６日

「行ったほうが面白いんでしょ？　行ったらオイシイんでしょ？　じゃあ行くー」

千秋

（TBS「芸人キャノンボール」2016年1月1日）

「歌が一番上手い人を連れてきたチームが勝ち」というゲームでロンドンブーツ1号2号チームが真っ先に電話をかけたのが千秋だった。ロンブーチームのウド鈴木とはプライベートでも仲が良い間柄。突然の電話に「マネージャーに確認しないと……」と一度は躊躇するも「行ったほうが面白いんでしょ？　行ったらオイシイんでしょ？」とすぐに考えを改めた。

千秋は子どもの頃から「歌手」志望だった。だが小学校の文集で「夢」の欄に「芸能人」と書いたら笑われた。だから余計に「絶対になってやる」と思ったという。

彼女にとって大きな転機になったのは「ウッチャンナンチャンのウリナリ!!」（日本テ

レビ）への出演だろう。その番組に参加してほぼ最初の収録で〝事件〟が起こる。奥多摩の雲取山で撮影後、遭難したのだ。飛行機で帰るはずが、真っ暗な中4～5時間かけて下山することになったという（※1）。いきなりそんな極限の体験をしたからウッチャンナンチャンやキャイ～ンと千秋は急速に仲が良くなった。特に千秋にとって南原清隆はバラエティの〝先生〟だった。彼はプロデューサー感覚に優れ、千秋本人が気付かなかった「負けず嫌い」だとか「ポジション取りの上手さ」や「悪口を言わせると天下一品」といった特性を言い当てそれを番組で引き出していった。それが〝ライバル〟ビビアン・スーとの対決に繋がり、果てはポケットビスケッツでの音楽活動に至った。南原が示す「面白い」方へついていったら、千秋は子どもの頃からの夢である「歌手」になれたのだ。

冒頭のやり取りにはまさかの結末が用意されていた。ロンブーチームの依頼を快諾した千秋だったが直前で別の仕事が入ったため行けなくなったというのだ。突然のことにロンブーチームは大混乱。なんとか別の人物を用意して会場に到着した。すると、なんとおぎやはぎチームとして千秋が登場したのだ。じつはロンブーチームからの電話の後、おぎやはぎチームからも連絡が入った千秋。先に約束した上、長い付き合いのウドや出川哲朗を裏切れないと言うが彼らはそのほうが「オイシイ」と説得。結果、彼女は面白い方を選択したのだ。歌う曲の選択もそうだった。勝負にこだわるのなら高得点が出やすい別の曲を歌ったほうが良かった。だが、ウドもいる会場で千秋は「ＴＶショーだからＴＶらしい方で」(※2)とポケビの曲を歌った。

常に千秋はより視聴者が喜ぶ面白い方を選びとるのだ。

(※1)「クイック・ジャパン」ｖｏｌ・88
(※2)「千秋オフィシャルブログ」２０１６年１月２日

「わかってるよ。（千原せいじと）五十歩五十二歩やからね」

千原ジュニア

（テレビ朝日「ロンドンハーツ」2014年8月5日）

容姿のみで順位を決める「顔だけガチランキング」の「B級男前」部門にエントリーされた千原ジュニア。その結果発表を前にフットボールアワー後藤輝基から「論外」と最下位予想されたとき、ブサイクと呼ばれる兄せいじと自分を比較し「五十歩五十二歩やから」と自嘲した。

結果は後藤の予想通り最下位。「目が怖い」「鼻が嫌」「唇が薄っぺらい」「顔のバランスが悪い」と次々と下位の理由が読み上げられると、せいじは堪らず「やめたってくれ！」と弟をかばう。そんな中、最後に読まれた理由がジュニア自身が言うように「せいじと何が違うの？」だった。

ジュニアが14歳の頃、引きこもりだったのは有名な話だ。その頃ジュニアは「僕だけがまともで、僕以外の人が全員狂ってる」（※1）と思い込んでいた。そんな鬱屈とした日々からジュニアを救い出したのが兄のせいじだった。高校を卒業して家を出て吉本の養成所に入った兄から電話がかかってきたのだ。

「俺が今いる世界で一緒に戦おう」（※1）

そして、せいじは入ったばかりのジュニアにネタを作るように指示する。きっとせいじには分かっていたのだ。ジュニアに笑いの才能があることが。果たして、ジュニアが初めて作ったネタは大いに受け、お笑いの虜になった。

ジュニアはお笑いにもっとも必要なのは「愛」だという。愛はすなわち「こうすることによってこの人はこうなるとか、この言葉で言うよりもこっちでやったほうがよりお客さんが楽しんでくれるんじゃないかとか」（※2）という「想像力」だ。だから、面白くない、お客さんが笑わなかったネタは「面白くないというよりはお客さんに対して優しくなかったということで、面白くない芸人という人がもしいるとしたら、面白くないというより優しくない芸人なんじゃないか」（※2）という。

それに気づかせてくれたのも兄だった。小学生の頃、学校で起きたことをせいじに話そうとすると途中で「つまらない」と遮られた。状況説明が不十分だったり、話がまとまっていなかったり、聞き手に対して優しくなかったからだ。だから兄に「伝えたい」という一心で話術が鍛えられたのだ。

「残念な兄」などと言って兄のエピソードを誰よりも巧みに話すジュニア。彼がもっとも伝えたいのは自分を電話一本でお笑いの世界に誘い救ってくれた兄の魅力なのだ。その愛の矛先である兄・せいじは笑って言った。

「(電話代)10円で大概元とったやろ」(※3)

(※1)『14歳』千原ジュニア(幻冬舎よしもと文庫)

(※2)テレビ朝日「ゲストとゲスト」2012年9月17日

(※3)「千原ジュニア40歳誕生日LIVE」2014年3月30日

「リアルより上。ガチより上。もっとリアルガチだってこと」

出川哲朗

（テレビ東京「出川哲朗のリアルガチ」２０１４年8月24日）

芸歴30年を翌年に控えた２０１４年、出川哲朗が、地上波テレビで初の冠番組に挑んだ。タイトルは「出川哲朗のリアルガチ」。出川が口癖のように発する独特のフレーズである。番組の冒頭、「リアルガチ」の意味を説明するために、あろうことか「もっとリアルガチ」と「リアルガチ」という単語を使ってしまう。

今や日本を代表するリアクション芸人となった出川哲朗だが、元々は俳優志望だったため、横浜放送映画専門学院（現・日本映画大学）に入学。その卒業式で出川は「少々のお時間を下さい」とスピーチを始めたという。

「俺に5年の時間をくれ！　頭出したる、俺に10年の時間をくれ！　有名になったる、俺

に20年の時間をくれ！　頂点とったる、まあ見とけや！」（※1）
出川は座長として同級生と「劇団ＳＨＡ・ＬＡ・ＬＡ」を結成。映画「男はつらいよ」の第37作から41作などに出演するが俳優として芽が出ることはなかった。そんな中、劇団のメンバーであるウッチャンナンチャンがブレイク。プライベートで彼らとジェットコースターに乗ったときの怖がったリアクションが面白かったため、それを番組で再現させた。それがリアクション芸人・出川の誕生だった。ちょうど、「頭出したる」と宣言した卒業後5年が経った頃だった。そして「ビートたけしのお笑いウルトラクイズ!!」（日本テレビ）などで活躍し大ブレイク。同番組で〝主役〟を張ったのが卒業10年後のことだった。その第17回（１９９5年10月5日）で出川は「一生リアクション」宣言をするのだった。
出川は「笑いのためなら死んでもいい？」と問われキッパリと答える。
「それは嘘でもなんでもなくて、現場で死ねたら一番いいし、死んじゃったら……それはそれでしょうがない」（※2）
出川は以前、ウッチャンナンチャンの番組中、タレントが死に至る事故を目撃している。そんな、出川が語る「死んだらしょうがない」という言葉は他の誰が語るよりも真実味を帯びている。「リアル」や「ガチ」という言葉が常套句のように安易に使われる昨今。そのアンチテーゼのように「リアルガチ」を主張しているのかもしれない。
「僕の夢は70歳になっても熱湯風呂に入ったり、ザリガニで挟まれても可哀想に思われないおじいちゃんになること」（※3）
出川が常々語る一貫した夢こそ「リアルガチ」を体現している。

（※1）NHK総合「スタジオパークからこんにちは」2011年7月13日
（※2）「本人」vol・7
（※3）日本テレビ「世界の果てまでイッテQ！」2014年8月24日

「（台詞は）僕の言葉ではないっていうのは大事にしておきたい」

手塚とおる

（フジテレビ「アウト×デラックス」２０１５年12月3日）

ドラマ「半沢直樹」の悪役・古里や「ルーズヴェルト・ゲーム」（以上ＴＢＳ）の野球部を立て直す監督役で強烈なインパクトを残し、いまやテレビドラマに欠かせないバイプレイヤーとなった手塚とおる。２０１５年は「太鼓持ちの達人」（テレビ東京）でテレビドラマ初主演を果たした。だが、実は手塚がテレビの世界に進出したのは２０１３年から。本格的にテレビに出始めてわずか2年しか経っていないということに驚かされる。そんな手塚はセリフは「僕の言葉ではない」という身も蓋もない演技論を持っている。手塚は続けて言う。

「僕の肉体しかリアルなものはないので。言葉も人の言葉だし服も他人の服だし。全部嘘なので」

変声期の頃、高い声を笑われたことがきっかけで喋らなくなった手塚は高校時代、教師やクラスメイトとは筆談で会話をしていたという。だから友だちもできなかった。そんな頃、8ミリ映画ブームが到来。同世代が映画を撮っていることに憧れた。もともとは映画監督志望だったのだ。だが、映画を撮りたくても役者として出演してくれる友人もいない。困った手塚は新聞で蜷川幸雄と唐十郎による舞台のオーディションの広告を見つけた。ここにいけば、役者がたくさんいる。そう思った手塚は役者を見つけるためにオーディションに参加。オーディション会場で8ミリカメラを回し、役者を撮り始めていた。そんな奇妙な行動を気に入ったのか、蜷川と唐は手塚を舞台に起用する。それが初舞台となり、舞台役者人生が始まった。舞台でも彼は奇妙な行動に出ることがある。

例えばある朗読劇を演じたとき。朗読劇なのだから基本的に役者は動かない。だが、手塚は女装するという場面で突如ズボンを脱ぎ始めフルチンになってしまったという。また別の舞台では台詞を忘れた際に持っていたナイフで自分の体を切りつけ間を繋いだりもした。さらに、お客さんを心配させて集中させようと、あろうことか台詞をわざと忘れたふりをしたこともある。そこに見え隠れするのは台詞への不信だ。

手塚の演技は〝過剰〟だ。過剰に動き、過剰に表情を作る。ともすれば〝リアル〟ではないと批判されることもある。だが手塚は「みんなが思っているほど、人って淡々としていないんです」と反論する。「過剰に生きようとしているし、過剰に食べようとしてるし、過剰に愛そうとしている。過剰なものが人間なんだと」（※1）。それが言葉を信じず、自分の肉体だけが〝リアル〟であることを知っている男の演技論なのだ。

（※1）『バイプレーヤー読本』（洋泉社）

「嫌ですよ、毒蝮なんて名前。
（親に）言えませんよ、蝮になったなんて」

毒蝮三太夫

（テレビ朝日「徹子の部屋」２０１４年９月１日）

毒蝮三太夫は元々は俳優として本名の「石井伊吉《いよし》」という名で活動していた。「ウルトラマン」にも出演し、そのまま「ウルトラセブン」（以上ＴＢＳ）にも別人役で続投するほど子供たちから人気を集めていた。ちょうどその頃知り合い意気投合した立川談志の薦めで「笑点」（日本テレビ）の二代目座布団運びに起用される。だが、ヒーローものを演じながら同時に座布団運びはやりにくい。そこで〝怪獣にも負けないような名前〟と談志が名づけたのが「毒蝮三太夫」だった。最初は「毒蝮」なんて名前はさすがに嫌だった。もちろん親にも「蝮になったなんて」言えなかった。

その後、談志が「笑点」を降板すると、毒蝮も降板。しかし毒蝮三太夫の名前だけは残った。その頃にはもうその名前に愛着を感じていたのだ。

そして1969年から始まったTBSラジオ「毒蝮三太夫のミュージックプレゼント」で素人相手に「ババア」などと毒をまき散らし、45年以上、毒舌一筋で芸能界を生き抜いてきた。そのルーツは彼が生まれ育った下町だ。そこでは上品に「おばあちゃん」などと呼んでも誰も振り返ってくれない。自分の母親も「たぬきババア」と呼んでいた。ラジオで初めて「ババア」という言葉を使ったのは、母親が亡くなった直後だった。母と同年代でやたら元気な女性と話しているうちに思わず「俺のたぬきババアは死んだけどババアは元気だな」と口走ってしまったのだ。抗議が殺到したという。けれど、同時に大きな支持も受けた。毒蝮に毒づかれると不快になるよりも嬉しくなってしまうのが不思議だ。その秘密も下町にある。長屋で肩を寄せあい暮らし、子供の頃から「人から愛されるには自分がチャーミングになるしかないじゃない」（※1）と学び、人との距離感を鍛えられたのだ。

自分に毒舌を浴びたら「喜べよ」と言い放つ。

「一番生きてて寂しいことはね、バカにされることではないですよ。貶されることでもないですよ。無視されることです」（※1）

毒蝮がそうやって思いっきり毒舌を吐けるのは「毒蝮三太夫」の名前のおかげだ。

「『石井伊吉』でもって、『おい、ババア！　くたばれ、この野郎！』なんて言ったら喧嘩になりますよ。背中を押してくれたのよ、毒蝮という名前が」（※2）

談志は生前、毒蝮に「よく毒蝮を続けたよ」と感慨深げに語った。さらに周囲にはこう漏らしていたという。

「俺の人生の作品の中で、毒蝮は最高傑作だよ」（※2）

（※1）ＴＢＳラジオ「小島慶子キラ☆キラ」２０１１年５月３日

（※2）ＢＳ日テレ「加藤浩次の本気対談！コージ魂!!」２０１３年２月７日

「車いす改造しますよね。面白くしてあげますよね。
届かないロケット砲つけたりとか」

所ジョージ

（TBS「サワコの朝」2014年11月1日）

「なんだって面白い」

所ジョージがそう断言すると阿川佐和子は「ずっと寝たきりになっても？」と意地悪な質問をした。すると所は「車いす改造します」と笑って返答する。「ロケット砲つけたりして「面白く」すると言うのだ。

それでも「楽しそうに見えるけど実は裏でツライこともたくさんあるんじゃないですか？」と追及する阿川に「いや、ツライことなんて一個もないですよ。なんでも面白いですよ」と所は即答する。

「何が他の人より秀でてるかって言ったら、面白がれるのを見つけやすいんだと思う」（※1）と自ら分析するように、所は「面白がる」天才だ。それを象徴するのが所の事務所兼遊び場「世田谷ベース」だろう。改造した車やバイク、こだわりの雑貨や遊び心満載の自作のおもちゃが所狭しと並んでいる。

「よくこういうの見てると、お金に余裕があるからできるんじゃないか」と言われるという。確かにお金がなければ車の改造なんてできない。だが、所はそれは違うと主張する。

「自分に価値をもってない人はお金がかかる。お金の方が自分より価値があんだって思う人は、お金に頼るだろうし。自分の方が価値があるんだって思う人は、お金関係ない」（※1）

たとえば、いい時計を買って自慢したいという人はそれだけお金がかかる。けれど、何でも面白がれる人は、カタログをもらってきて、それを切りとって腕に巻いてそのまま会社に行き、気づかれたいような、気づかれたくないようなという遊びをするのではないかと。そこにはお金はかからない。

「面白がる人は、何でも面白い。何でも不満を持つ人は、どんなにお金があろうと不満だもんね。その人の持ちようだから」（※1）

所は「ヘコむのは簡単」とも言っている。「自分をバカだと思ってないんですよ。自分は何か才能があるとか、自分は何かレベルが高いものがある、見つかってないだけだ、って思い込んでるから、ろくなことにならない」「みんな自分がバカだと思ってりゃ、こんな楽なことはないもん」(※2)と。

自分をバカだと自覚して、そんな自分を面白がれば、お金があろうがなかろうが、なんだって幸せで面白いことなのだ。

笑福亭鶴瓶は所を「人生をホントに有意義に生きてる人」と称す。その鶴瓶に自分にとっての「幸せ」を訊かれると所はこう答えている。

「私の幸せ？　毎日幸せですよ。朝目が覚めた時点で幸せだもん。目が覚めたわ、みたいな」(※3)

(※1) NHKEテレ「SWITCHインタビュー 達人達」2014年4月12日
(※2) TBS「サワコの朝」2014年11月1日
(※3) TBS「A-Studio」2014年10月17日

「文句とか悪口って言ってしまえば悪口ですけど、私たちはそれを〝世直し〟と呼んでるんですよ」

友近

（日本テレビ「ナカイの窓」2015年1月6日）

女芸人として独自の道を歩み、確かな地位を築いてきた友近。いまでは、NHK朝ドラ「あさが来た」のメインキャストとして〝女優〟としても活躍している。街を行く人に「よっ、第二の吉永小百合！」などと声をかけられると軽口を叩いている（※1）。

友近は異色の経歴の持ち主だ。少女時代はその歌唱力を活かして数々のカラオケ大会に出場し好成績をおさめ、大学生時代には地元愛媛のローカル番組のレポーターを務め人気に。一時はレギュラー番組を抱え、ローカルＣＭにも出演していた。大学卒業後は、老舗旅館に就職。名物仲居として働いていたという。そうした経歴もあってか、いまでは地元愛媛に「友近後援会」も出来るほど。会員約３００人の中には県知事や松山市長、地元民放4局の社長、愛媛新聞社社長が名を連ねている。後援会の集まりでは、ネタはせずに歌い、少し近況報告をして、ビンゴ大会。そして最後に「友近由紀子(本名)、ばんざーい!」で終わるという(※2)。およそ芸人の振る舞いとは思えない。だが、何から何までコントじみているという意味では芸人としか言いようがないのかもしれない。

友近はマネージャーに厳しいことでも有名だ。友近に言わせるとそれはただの「文句」や「悪口」ではない。「私たちはそれを〝世直し〟と呼んでるんですよ」と言う。自分が望む方向に進むためには「世直し」と称して周囲と対立することも厭わない。だからマネージャーにもテレビ欄を見ながらこの番組に出たいとか、こういう仕事をしたいだとかをハッキリ伝えるのだという。その結果、常々やりたいと公言してきた昼ドラ(フジテレビ「ほっとけない魔女たち」)のナレーションや遊郭ものの映画(「花宵道中」)への出演、2時間サスペンス(テレビ東京「トラベルライター青木亜木子」)の主演などを次々に実現させている。果ては朝ドラ出演だ。

朝ドラ「あさが来た」について友近は「日頃芸人をやってるので、ちょっとフザケたりチョケたりとか、ちょっと芸人としての爪あとを残そうみたいなことは、あえてしないでおこうみたいなのはちょっと思ってましたね」(※1)と語っている。だが、その役柄は友近がコントでやってきたものそのままだ。友近が真面目に演じれば演じるほど、可笑しみがあふれてくる。吉永小百合はその人生すべてが〝女優〟を体現しているが、友近の場合は人生すべてがコントそのものなのだ。

（※1）ＮＨＫ総合「土曜スタジオパーク」２０１６年1月9日
（※2）ＴＢＳ「旅ずきんちゃん」２０１５年5月31日

「苦手な人を作らないために、やりやすい人も作らない」

中居正広

（日本テレビ「ナカイの窓」2015年2月18日）

SMAPの中居正広は番組で司会をするうえで決めているポリシーがある。それが「やりやすい人」を作らないというものだ。「やりやすいなと思ったら、違う人が来たときにやりにくいって感じちゃうから」と。

今や、アイドル界のみならず、日本のテレビ界を代表するバラエティ番組のMCである中居。彼が、その道を志したのはまだデビュー間もない10代の頃だった。当時、アイドルの主戦場であった歌番組がほとんどなくなっていた。そこでSMAPが活路を見出そうとしたのがバラエティ番組だった。

「どこまでエンターテインメントにするかということについては、非常識を常識にするということに関して、僕らは腹をくくる準備と覚悟はあった」（※1）

中居は「アイドルも普通の人間」というアイドル像を更に進め、下ネタも厭わず、歌が下手なのもネタにし、「ダメな人間でもある」とダメ人間宣言をしたのだ。

「個人的な手柄や評価、見返りを求めない、というのは重要」と中居は言う。「個人的な評価を得るためにやっていたら、やっぱり全体のバランスが濁ってしまって、仕事の完成度、個々人の力のフォーカスが合わなくなって」(※2) しまうのだと。そうしたスタンスは彼のバラエティ番組観とも合致する。「バラエティはもともと主役がいない、いるとしたら瞬間瞬間で決まってくるもの」(※3) と中居は分析している。だから、司会であろうと主役ではないのだ。SMAPでリーダーであっても主役ではないのと同じように。

たとえば中居のMCのスゴさをあらわすこんなエピソードがある。100人のゲストを相手にした番組でのことだ。その全ての人にまんべんなく話を振っていく中居。だが、たった一人だけあえて一度も振らない相手がいた。最後に「ちょっと!」とツッコませ笑いを生むためだ。そこに中居個人の好みは関係ない。あるのは緻密な戦略だけだ。それを徹底するために、30代の10年間、新しい友達を作らないようにまでしていたという。

中居はSMAPという強烈な個性を持つ集団を自らの「個」や感情を押し殺すというストイックな方法でまとめた。バラエティ番組でも同じだ。少し引いた視点から、自分の好き・嫌い関係なくバランス良く周りを活かしている。そのスタンスと戦略が「中居正広」という新時代のMCを生んだ。中居は「個」を捨てることで逆に「個」を際立たせている。

（※1）「AERA」2013年5月6・13日号
（※2）「週刊SPA!」2013年9月17・24日号
（※3）「広告批評」2002年10月号（264号）

「TOKIOはおならで話し合える」

長瀬智也

（日本テレビ「ぐるぐるナインティナイン」2014年9月25日）

TOKIOの長瀬智也を見てナインティナインの矢部浩之は「成長の早い小6」と形容した。友だちが家に行くと全裸で迎えるだとか、「1世紀は9年」、「1メートルは60センチ」だと思っていたなど天然バカエピソードは数知れない長瀬。笑福亭鶴瓶も「あの歳で、無邪気に本当に嬉しそうに笑う大人はいない」（※1）というように、まさに、長瀬は小学生男児のようだ。TOKIOの良いところを言い合うゲームでは「おならで話し合える」というザ・小学生男児の答えを堂々と言い放った。

マツコ・デラックスは「TOKIOは〝男〟なの」と彼らを評す。

「やっぱりジャニーズ事務所って〝キラキラ系〟じゃない？　ここだけは〝現場系〟なの」

（※2）

それに対し、メンバーの1人である松岡昌宏は「キラキラやって失敗したんだよね。2年くらいやって、これ違うぞってことになって」（※2）と振り返っている。

大きな転機になったのは1995年の「ザ!鉄腕!DASH!!」（日本テレビ）のスタートだ。この番組で彼らは当時のアイドルでは考えられないような体を張ったバカバカしい笑いを生み出していった。アイドルとして〝汚れ役〟になることにプライドが傷つかなかったかと問われ長瀬はこう答えている。

「プライドみたいなもんで言えば、『やるんだったらとことんやってやるよ!』って感じが俺にはあった」（※3）

アイドルとしてのプライドよりも〝男〟としてのプライドのほうがはるかに大事だったのだ。

長瀬のことをよく示すエピソードがある。映画に出演し、泣きのシーンで監督の宮藤官九郎から細かな演出を受けていた時だ。長瀬はそれを途中で遮り「それはギャグの方ですか? マジの方ですか?」と尋ねた。「マジの方」と答えると見事に監督の思い描く演技をしたのだ。「ふたつしかないんだ……」と宮藤は唖然としつつ感服したという。単純明快にして豪快だ。

長瀬は「人生の転機」を訊かれ「母親が生んでくれたこと」(※4)と何のてらいもなく答えている。そう、きっと彼は生まれたときから「長瀬智也」だった。〝ガキ〟のまま〝男〟になったのだ。

「バカだからこそ、『考えたけど、わかんねぇから、もうやるしかねぇ!』ってリミッターを解除してきた」(※3)

アイドルでありながらロックフェスにも出演を果たしたTOKIO。彼らは前人未到の現場系アイドルの道をがむしゃらに開拓している。

(※1)TBS「A-Studio」2010年7月2日
(※2)日本テレビ「月曜から夜ふかし」2014年9月22日
(※3)「週刊SPA!」2014年9月16・23日号
(※4)フジテレビ「堂本兄弟」2004年9月5日

「しくじらないで生きていける人間なんているのか！」

中田敦彦

（テレビ朝日「しくじり先生 俺みたいになるな!!」２０１４年10月9日）

オリエンタルラジオといえば、「武勇伝」のネタがブームを生み、「史上最速のブレイク」などともてはやされ、デビューしてまもなく数多くのレギュラー番組や冠番組を任された。しかし、ブームは長く続かず、わずか数年でそのほぼ全てを失った。

なぜ「史上最速のブレイク」を果たしたオリエンタルラジオが失墜したのか。それを中田敦彦はきっぱりと答える。

「天狗になったんです」（※1）

「天狗」といえば、一般的に周りからチヤホヤされていわゆる「調子に乗っている」状態を指す言葉だ。しかし、「天狗」はただ単に「調子に乗っている」わけではないと中田は言う。

「天狗とは、特別扱いを当然だと思っている状況」(※1)だと。つまり、自分が「特別扱い」されていることが当たり前になってしまうから、「特別扱い」されていることにすら気づかない状態なのだ。

中田はかつて自分たちに起きた〝現象〟を「吉本興業の中での実験」だったと分析している。

「テクニックもキャリアもなくても、それで成立するんだったらビジネスモデルとしては正解じゃないですか。コストがかかってなくてパフォーマンスが得れるわけですから。これが成立したらこれをどんどんやっていくつもりだったんだと思うんです。だけど、それが出来なかった！　促成栽培が出来るもんじゃない。それが芸人なんだ、っていうのを逆説的に証明したのがオリエンタルラジオなんです！」(※2)

中田のぞっとするほどの冷静さ、客観性が逆に当時の深すぎる苦悩を物語る。早すぎたブレイクによってオリエンタルラジオは、リアルタイムでその苦悩や挫折、迷走や変化、そして成長までも視聴者に晒されるという奇妙な境遇に身をおくことになった芸人である。「しくじらないで生きていける人間なんていない」。それを中田が残酷なほどの客観性と、激しい熱量を両立させながら〝解説〟する。いわば、オリエンタルラジオは「しくじり」

そのものを、〝芸〟に昇華させたコンビなのだ。

「（失敗したから）逆に夢あるわって。だっていくら評価されなくても、されても本物しか残らない世界なんですよ！　このテレビって。なんであいつおんねんって人が何年もいれる世界じゃないってことが証明されたんだとしたら、じゃあ、俺がんばってもう一回やろうよって思えたんです」（※2）

（※1）テレビ朝日「しくじり先生 俺みたいになるな!!」2014年10月9日

（※2）テレビ朝日「お願い！ランキング」2010年11月22日

「危険じゃないと面白くない」

中谷美紀

（フジテレビ「ＴＯＫＩＯカケル」２０１５年1月21日）

中谷美紀は仕事の合間を見つけるとよく海外へ一人旅に行くのだという。女性の一人旅、危険はつきものだ。それでも「危険じゃないと面白くない」と旅に出ることをやめない。

かつて中谷美紀が主演したドラマ「永遠の仔」（日本テレビ）の原作者・天童荒太は「テーマとなるような象徴的なセリフに血と肉を与えて届けられる稀有な女優」（※1）だと評している。幼少期に虐待された経験を持つ主人公を演じた中谷は、その撮影の数ヶ月間、友人からの遊びの誘いをすべて断った。共演者とも、ちょっとした雑談以外話さなかったという。それくらい役が乗り移ったように演じる〝憑依〟型の女優だ。

その反動からか、撮影が終わると台本はシュレッダーにかけて捨ててしまう。それが快感なのだという。「自分の打ち上げなんですね」（※1）。憑依した役を落とすための彼女なりの儀式なのだろう。

「残念ながら私は天才ではない」と中谷は言う。自分は「器用貧乏タイプ」だと。その「器用貧乏」の「貧乏」の部分を埋めるための作業が、一人旅だというのだ。

「もっとも突きつけられるのは、そもそも自分が何も持っていないっていうことですかね。何も持っていないと思えば何も怖くない。失うものがないので。そう思うと何でもできるような、勇気がわいてきます」（※1）

なぜ彼女はそうまでしてストイックに自分を追い込むことができるのだろうか。それは十数年前に出会ったある友人の存在が大きい。その友人は自分のブランドで服を作っている。中谷が舞台挨拶やテレビ出演などで着ている服の多くはこの友人が作ったものだ。だが、彼女がどんなに勧めても「今はその時期じゃない」と仕事を大きくすることはしない。

「本当に彼女の作る洋服が好きで、多くの方にご覧頂きたい、袖を通してもらいたいって思うんです。私、実はそのために一生懸命仕事してるんです。彼女の洋服を多くの人に知ってもらいたいって思いで、それには自分が人に伝えるだけの価値のある人間でなければならないって」（※2）

危険な一人旅を通して、自分自身は何も持っていないということを実感した。「何も持っていないからこそ表現するべきは自分自身ではなく誰かの意志である」（※1）と悟った。だから自分を捨てるように役柄に憑依する。そのことが、女優としての価値を上げていった。その価値の高さの分、「意志」が強く伝わっていくのだ。

（※1）NHKEテレ「SWITCHインタビュー 達人達」2013年11月16日
（※2）TBS「A－Studio」2015年1月23日

「命がけで辿り着いた歌だよ！」

永野

（フジテレビ「めちゃ×2イケてるッ！」2016年1月9日）

「ゴッホより普通にラッセンが好き〜っ！」という歌ネタで2015年にまさかのブレイクを果たしたのが永野だ。かつては「孤高のカルト芸人」と称され、実力は高く認められつつも、テレビで〝売れる〟ことは難しいと誰もが思っていた。だが、独特な風貌と、無意味なフレーズがなぜか子供にまでウケはじめたのだ。時代が追いついたのか、時空が歪んだのか、いずれにしても永野は2015〜2016年の年末年始もテレビに何度となく登場した。そんな中で同じく2015年にブレイクし、流行語大賞にもノミネートされたとにかく明るい安村から得意の歌ネタを「変な歌」とイジられた時には、「命がけで辿り着いた歌」だとどこまで本気かわからない言い方で反論した。

前年の年末年始は「家で恨んでました。テレビのネタ番組とかみながら」（※1）という永野。それほど状況は一変した。1995年に芸人デビューをした永野はもう40歳を超えた。「若手」とは言いがたい年齢だ。「『もう40歳なんだから』と言われるんですが、それがいい〝フリ〟になってるみたいです」と自己分析した上で「長くやりすぎて何が面白いのかわからなくなっていますが」（※2）と笑う。まだテレビで売れる前、いち早くミュージックビデオに永野を起用したのがGLAYだ。その時の監督に永野は「永野さんは見る人を最初は引かせて、最後うっちゃりで勝ちますよね」と言われたという。そこで永野は自分の武器がネタやセンスではなく人柄や力技だと悟った。

かつてはシュールなネタで分かる人だけが分かればいいという態度だった。「永野を好き」というと、〝お笑い通〟に見られる、そんな存在だった。それで気を良くして自分を〝無駄〟にした時期もあった。だからいまは「軽い存在になりたい」（※3）という。見た目をカラフルにし、声や動きを大きくした。カルトな味わいを残したまま、できる部分は格好つけずポップに変えたのだ。もちろん葛藤はあった。最初は激しく腰を振るのが嫌だったという。「なんか、こう今まで応援してたお客さんに言い訳してる顔してた」と自嘲する。「プライド高かったんで。強い酒飲んでました、その時は」（※4）とどこまで本気でどこからが冗談なのか分からないことを語っている。

だが、自分の面白さをより多くの人に伝えるためにはムダなプライドやこだわりは捨てなければならなかった。芸歴20年で永野はある結論に辿り着いた。

「今はもう、やっぱ嘘ついて生きていくのやめようと思って」（※4）

（※1）フジテレビ「とんねるずのみなさんのおかげでした」２０１５年12月10日

（※2）「ＦＬＡＳＨ」２０１５年８月４日号

（※3）「バナナビ！」ｖｏｌ・２

（※4）日本テレビ「なら婚」２０１５年７月29日

「ひとつ入りました。『テニスの王子様』サークル」

二階堂ふみ

（日本テレビ「おしゃれイズム」２０１４年６月１日）

二階堂ふみは「おしゃれイズム」（日本テレビ）で大学入学後に何かサークルに入ったのかと問われ「『テニスの王子様』サークル」に入ったと答えた。「テニスのサークルじゃなくて？」という反応に「漫画とかアニメを部室でみて、『おーっ』てやる」とその活動内容を説明。「テニスの王子様」といえば「週刊少年ジャンプ」に連載していた漫画。アニメ化やミュージカル化、実写映画化もされ、特に若い女性を中心にカルト的人気を得た作品である。校舎の外から教室を見ると「テニスの王子様」のコスプレをした人たちが楽しそうにしているのが見えたという。

「『テニスの王子様』も好きだったんですけど、何か安心感のある空気感がそこにあって」

と入会した経緯を明かすが、まさか新入生に二階堂ふみが現れるとはサークルのメンバーも思ってもみなかっただろう。彼女は今最も注目を浴びる若手実力派女優のひとりだ。数々の映画に主演し、「軍師官兵衛」で2度目の大河ドラマ出演も果たした。

彼女の強烈なサブカル好きは一部で有名だ。

「幼少期から中学の頃まで、映画を観るか本を読むかが、日常の趣味的要素だったかもしれません」（※1）

この日も好きな男性のタイプを聞かれマシュー・マコノヒーという決して一般的とはいえない俳優の名を挙げていたが、音楽ではザ・クラッシュ、イギー・ポップ、ラモーンズなどを愛聴し、エリック・ロメールが撮る映画などを好むマニアックっぷり。

「もっと『変態』とお仕事がしたい」と彼女は言う。

「かく言う私も変態です」（※2）

〝変態〟の大先輩であるタモリも敬愛している。幼稚園の頃から「タモリ倶楽部」（テレビ朝日）を欠かさず見て育ったのだという。念願かなって「タモリ倶楽部」に出演した際、彼女からそれを聞いたタモリは「えっ!?　幼稚園児は想定してなかったね、この番組」（※3）と驚きを隠せなかった。

一浪して慶應義塾大学に合格した二階堂ふみ。彼女がタモリに初めて会ったのはその大学受験前に出演した「笑っていいとも！」（フジテレビ）のテレフォンショッキングだった。

「今日お会いして、何か（瀬戸内）寂聴さん並の神々しさを感じました。パワースポットみたいな」という二階堂に合格祈願の意味を込めて手をかざしパワーを送るタモリ。それが実ったのか大学に合格したのだ。

好きなものに忠実に飛び込み続けた結果、海外進出も目標のひとつになった。

「世界より宇宙目指してます」（※4）

その視野はどこまでも広がっている。

（※1）WEB「ZAKZAK」2014年1月17日

（※2）「週刊朝日」2012年2月24日号

（※3）テレビ朝日「タモリ倶楽部」2013年8月16日

（※4）「週刊SPA！」2012年1月24日号

「『俳優さんですね』って言われたら、『はい、役者やってます』って言い直したりする」

西田敏行

（TBS「サワコの朝」2015年1月31日）

西田敏行は「俳優」と「役者」は違うという。「自分に役をはめていく」のが俳優、「自分から役の殻の方に入ってく」のが役者だと。その分類で言うと俳優の代表例は高倉健。藤山寛美は役者だと西田は分析し、自分は「役者を貫きたい」とこだわりを語る。「俳優」と言われれば「役者やってます」とやんわりと訂正するという。

西田敏行は、中学生時代、グレて副番長にまで登り詰めた。実は西田は幼いころに両親を亡くし、5歳の頃、西田家に養子に入った。義父母からは深い愛情を受けて育ったが、複雑な家庭環境であることは間違いない。「さしたるグレる理由もないんだけど、一応こういう環境だから、ちょっとしたグレた振りぐらいはしておかないとあれかな」（※1）と半ば〝義務感〟でグレた。いわば不良を演じていたのだ。

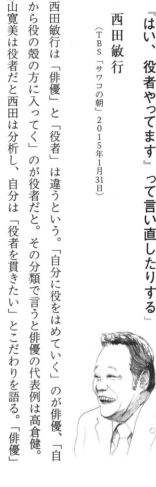

義父は無類の映画好きだった。小学校の頃は毎週のように映画館に連れて行ってくれた。その影響で5年生の頃には将来役者になるという夢を抱いていたという。そして、その頃にはもう〝演じる〟ということが自分の中で自然になっていた。

「養母、養父がいちばん喜ぶのは、非常に素直ないい子である瞬間なわけですよ、親としては。だから、それをしたたかにどっかで演じてるみたいな意識はちょっとあったんですよね」（※1）

少年時代から西田は「自分から役の殻の方に入ってく」ことを意識的に実践していたのだ。

「役者というアンダーシャツを着て、役者というセーターを着て、役者というコートも着ている感覚なんです。何枚脱いでも、まだ役者という服を着ていますよ、みたいなね。もっと言えば、裸になっても役者という肌がある、そんな確信を持ちたい」（※2）

西田敏行は、アドリブを連発することで有名だ。それが彼の最大の魅力のひとつでもある。映画「釣りバカ日誌」での三國連太郎とのアドリブ合戦はその最たる例だ。リハーサルや本番で絶対に同じ台詞を言わないと、西田と共演経験のある戸次重幸も証言している。言うべき脚本の内容をしっかり言った上でアドリブを繰り出すのだ。「その自在さって、本当にその世界にリアルに生きてるからできることなんですよね。その空間に生きてる人をただ表現している」（※3）と戸次は評している。つまり、演じている役柄の気持ちのままアドリブをするから破綻しない。「自分から役の殻の方に入ってく」という「役者」だからこそ、変幻自在なアドリブの応酬が可能なのだ。

（※1）「GQ」2011年7月号
（※2）「R25」221号
（※3）『バイプレーヤー読本』（洋泉社）

「こんなものが当たった、おそらく家が燃えている」

博多大吉

（テレビ朝日「アメトーーク！」２０１４年6月5日）

この日の企画は「テンション高い芸人vsテンション低い芸人」。博多大吉はもしいいことがあっても素直に喜べず、代わりに「おそらく家が燃えている」とか嫌なことが起きるのではないかと不安になってしまうと、ハイな芸人との思考の差を見事に表現した。つまり、自分たちネガティブ人間は「いいことがあったら、次は悪いことがある」と考えてしまう、と。

大吉はできたばかりの吉本興業の福岡事務所でデビューし、福岡ローカルの番組を中心に長きにわたって活躍してきた。デビューから約15年でようやく上京。相方の華丸が「R－1ぐらんぷり」で優勝したことが大きなきっかけとなって各番組に出演。当初は華丸の陰に隠れた存在だったが「アメトーーク！」などで独特なネガティブ思考が注目を浴び始めた。その理論的で丁寧な物腰から「大吉先生」と呼ばれ、スタッフや企画の意図を的確に汲んで望まれた通りの振る舞いをすることから「ゴッドタン」（テレビ東京）では「上品芸人」とも称されている。

だが、上品で丁寧な言葉遣いに隠れているが、この日もテンション高い芸人たちを「腐ったみかん」と斬り捨て、その言動を「新しい暴力」と言い放ったりしたように、実は毒舌の〝武闘派〟芸人でもあるのだ。

〝武闘派〟の側面は福岡時代からもあった。若い頃から司会に抜擢されて経験を積んできた博多華丸・大吉は20代で既に福岡のバラエティー番組の中でトップの存在になっていた。いわば「安住の地」を手にしていた。けれど大吉には「このままではいけない」という思いがあった。番組はマンネリ化し、出ている芸人も一緒。なんとか風景を変えたいと思っていた。そんなとき、大吉がアメリカでホームステイするという企画が持ち上がる。自分がいなくなることで福岡の芸人界が活性化するのではないか。そう思った大吉はその企画に乗った。だが、事務所は許さなかった。番組側と事務所は揉め番組は打ち切り。大吉は一年間の謹慎を余儀なくされた。「安住の地」を捨ててまで前向きな一歩を踏みだそうとした大吉の反骨心あふれる行動は撤退を強いられたのだ。しかし、その謹慎中に目線が変わった大吉は芸人として開眼。それまで相方任せだったネタ作りに積極的に参加していくようになった。

「『前向きな撤退』っていう言葉が大好きなんです」（※1）と大吉は言う。「諦める」のではなく、「目線を変える」ということだ。それはいいことがあってもすぐに悪いことを考えてしまうネガティブ芸人の処世術だ。だから大吉はその悪いことの中にこそ〝価値〟を見出すことができるのだ。

（※1）WEB「日刊サイゾー」2014年2月24日

「（目指すのは）誰も傷つかないハッピーエンド」

博多華丸

（フジテレビ「THE MANZAI 2014」2014年12月14日）

博多華丸・大吉の優勝で幕を閉じた2014年の「THE MANZAI」。決勝への意気込みを語ったVTRで「映画でいうと、僕ら『寅さん』を目指してる」という大吉に続いて華丸は「誰も傷つかないハッピーエンド」を目指すと語った。

華丸・大吉の同大会出場は2度目である。最初は2011年の大会。一回戦であるグループリーグで敗れてしまった。しかし、その敗北について大会最高顧問であるビートたけしは「もうちょっと（票を）獲っても良かったんじゃねぇか？」と労をねぎらった。司会で同期のナインティナインの岡村隆史が「（たけしさんが）面白いって、笑ってはりましたよ」と呼びかけると、華丸は涙をこらえて絶句していた。華丸の〝異変〟をすぐに察知した大吉は華丸を代弁して言った。

「岡村くん、泣きそうです……!」

そして岡村の「泣いていいんだよ!」という声に華丸は我慢できずに泣き崩れた。

華丸はたけしに憧れていた。もちろん、芸人であれば多かれ少なかれたけしへの憧れはあるだろう。しかし、華丸のたけしへの思いは特別だった。小学5年生の頃、タケちゃんマンに衝撃を受けた。

「『何十人も相手に一人で戦っていく様』がタケちゃんマンにはあったんですよね。それが凄いカッコよかったし。ルールを破ったりするところとかも、自分は絶対できないので。『はみ出したことをする事に憧れる……』といいますか、そういうのがありましたね」(※1)

その憧れは、大学生になっても衰えるどころか強くなっていき、華丸は本気でたけし軍団入りを考えるまでになっていた。吉本の芸人として活躍する今でも、できることならオフィス北野に入りたいと口にするほどだ。だから、たけしに評価されたことは華丸にとって何よりの称号だったのだ。

そんな華丸・大吉が再び「THE MANZAI」に出場したのもやはりたけしの言葉がきっかけだったという。ある番組の楽屋で顔をあわせたときに「なんであんちゃんたち出ないの?」と言われたのだ。「ファンなんだ」と。そんなことを言われたら出ないわけにいかない。

漫才は「人柄（ニン）がものを言う」（※2）と大吉は語っている。まさに「華丸が言えばおもしろい、華丸だから笑う」ような華丸の愛らしい人間性を活かした「日常生活の延長線上のボケ」を集めた漫才を披露し、見事勝利した。そして、たけしへの日々の思いが結実したハッピーな結末を手にしたのだ。

（※1）ＮＨＫＥテレ「ミュージック・ポートレイト」２０１３年6月27日

（※2）フジテレビ「ＴＨＥ ＭＡＮＺＡＩ ２０１４」２０１４年12月14日

「僕のこと面白いと思ってないんだったら、知られたって意味はない」

バカリズム　（フジテレビ「無名時代」２０１５年3月29日）

奇想天外な発想から生み出されるピンネタ、大喜利大会「ＩＰＰＯＮグランプリ」（フジテレビ）では〝絶対王者〟と呼ばれ、今や連続ドラマの脚本まで書いてしまう。バカリズムは「天才」という言葉が似合う数少ない芸人のひとりである。そんな彼は自分が「面白い」と思ってもらえない限り、「知られたって意味はない」と言う。「面白い」と思われることにこだわり続け、緻密な戦略を立ててきたのだ。

例えば映画に興味が無いのに日本映画学校（現・日本映画大学）に入学したのもそうだ。子供の頃からウッチャンナンチャンに憧れていたため同じ学校に入ったという理由だけなら可愛げがある。だが、「お笑いの事務所に入るよりも、特にお笑いを目指してないのに、授業としてお笑いをやらされている奴らの中でハッキリとお笑い芸人になりたい意識を持った奴が入ったら絶対目立つ。才能があるように映る」（※1）という計算の下だった。「バカリズム」という現在の芸名もそうだ。元々はコンビ名。彼らはすぐに頭角を現し、若手芸人の中で一目置かれる存在になった。しかし、相方は芸人を辞める決意を固めた。すると彼は相方に「解散ではなく脱退という形にしてくれ」とコンビ名を残すことにしたのだ。一見美談にも思えるが、真相は「芸歴がリセットされるのが嫌」（※2）という打算的なものだった。

そのわずか2ヶ月後、ピン芸人ナンバー1を決める「R－1ぐらんぷり」でいきなり決勝に進出。「トツギーノ」のネタで強烈なインパクトを与えた。「トツギーノ」はブームになりかけたが、すぐにバカリズムは「トツギーノって芸人だと思われ始めたくらいから、ヤバいやめようと思ったの。生意気なんだけど、トツギーノやってくれますよねっていうような所でも、違うネタをやるようにした」（※1）と戦略的に〝封印〟した。

自分はテレビ的ではないとテレビを諦めていた時期もあったという。だが、「意識してかわいこぶりっこする」ように数年前から意識を変えると一気にテレビの仕事が舞い込むようになった。かつて「可愛い」と言われることを毛嫌いし、常に無愛想でいた。しかし

「愛されることはすごい大事」と思い直した。「あざといと思われようが……むしろあざといと思われたうえで、さらにそれでもかわいいと思われてやろう」(※3)と。なぜならそれがバカリズムの「面白い」を伝えるための最高の〝戦略〟だからだ。

(※1)NHKEテレ「SWITCHインタビュー 達人達」2014年11月1日
(※2)テレビ東京「ざっくりハイボール」2012年7月14日
(※3)「ピクトアップ」2012年8月号

「運って前からこない。真裏からくるね」

萩本欽一

（TBS「サワコの朝」2015年8月8日）

萩本欽一にはこれまでの芸能人生の中で摑んだ〝哲学〟がある。それが「運は前からこない。真裏からくる」ということだ。運は嫌なことの中に隠れているというのだ。

萩本の有名なエピソードに「NG事件」がある。まだ駆け出しだった萩本がテレビにようやく出られるようになって任された仕事が歌番組中に挿入される生CM。アガリ症だった萩本はなんと19回もNGを連発してしまい降板。テレビ界を追われてしまったのだ。失意の萩本は一時熱海へ。しばらく経って東京へ戻った日にたまたま先輩である坂上二郎に麻雀に誘われた。熱海での数ヶ月の間にネタを温めていた萩本はそれを坂上に話すと、それなら二人でやったほうがいいとコンビ結成を提案される。だが実は萩本は坂上とは「なにがあってもこの人だけとは組みたくない！」と思っていた。当時の坂上を萩本は自著『なんでそーなるの！』（日本文芸社）でこう振り返っている。

「二郎さんすごかったもん、なんとか僕をつぶそうとして。（略）僕がアドリブ飛ばそうとすると、なんかゴチャゴチャ言って邪魔するわけ。もう目の敵！」

つまりあくまで「ライバル」だったのだ。それでも嫌々組んだコント55号で萩本はブレイクを果たした。そしてコント55号の人気が落ち着き、それぞれが一人で活動し始めた頃、萩本は事務所に「司会だけは断って」と言っていた。だが、来る仕事は司会だけだった。仕方なく嫌々引き受けたら、またもそれが大成功を収めた。そうして「嫌なことを引き受けたから、次につながっていった」（※1）と萩本は嫌でも実感したのだ。

「視聴率100％男」の異名をとった萩本は43歳で突然テレビの世界から遠ざかった。その理由を「山登ったらすぐ降りるじゃないですか。だから登るのに時間をかけて帰りはできればヘリコプターで帰りたい。そうじゃないとまた次登れないじゃないですか」（※2）と語っている。あれだけ熱中していた社会人野球も優勝したらすぐにやめ、今度は大学生になった。普通新しいことに挑戦するのは怖くて嫌なものだ。だが、萩本はそこにしか運がないことを知っている。だから嬉々として挑戦を続けられるのだ。

インタビューなどで「これから何をするんですか？」と訊かれたら「教えない」と答え

るのだという。その理由を不敵に笑ってこう言う。

「これ言っとくと負担がないの。やらなくてもいいんだもんね。無くてもいいんだもん。でも何かありそうでしょ？　ありそうってだけで充分」（※2）

（※1）『ユーモアで行こう！』萩本欽一（ＫＫロングセラーズ）
（※2）ＴＢＳ「サワコの朝」２０１５年8月8日

「いつふざけてやろうかとずっと待ってたんですけど」

濱田岳　（テレビ東京「チマタの噺」２０１５年11月３日）

本番が始まっていると気づかず笑福亭鶴瓶と談笑していた濱田岳がふと既にカメラが回っているのに気づいて「いつふざけてやろうかとずっと待ってたんですけど」と照れ笑いを浮かべた。確かにテレビ画面に映る濱田岳はいつもふざけているような顔をしている。鶴瓶も濱田を「どっかで世間をバカにしているようなええ顔」だと評価している。いわゆる〝イケメン〟ばかりの若手俳優陣の中で、三枚目でありながら主役を張れる人気と実力を持った濱田は代わりのいない俳優だ。

10歳の時に子役として芸能界デビューした濱田の大きな転機になったのはドラマ「3年B組金八先生」（ＴＢＳ）第7シリーズへの出演だろう。濱田はクラスのムードメーカーの狩野を演じた。このときも濱田演じる狩野は、武田鉄矢演じる金八に対しいつもふざけた態度を取っていた。「話しあおう」と言った金八が一人で長話をしていると、「それは話し合いじゃなくて説教だ」などと金八にとって痛いところを突くような、ドラマをかき回す存在だった。このシリーズは過激なエピソードに頼ることが多く、それに対する金八の弱腰の対応が金八らしくないと批判されることも多かった。

そんな中でシリーズを引っ張ったのは間違いなく狩野を演じる濱田岳だった。卒業式では、金八から一人ひとり言葉をかけるのが恒例だ。この言葉は脚本家ではなく武田鉄矢本人が考えるという。第7シリーズでもそれぞれに1文字漢字を選び、それとともに武田本人の思いのこもった「贈る言葉」をかける。

金八は狩野に「新」という漢字を贈った。「立っている木を斧で切ること。そうすると、樹木のいい香りがします。どうか、香りのある男になってください」と。そして金八は濱田演じる狩野に「初めて会った時、私は君が嫌いでした」と言った。

「金八先生」に出演したからといって将来役者を続けていく生徒ばかりではない。だが武田は濱田が今後も役者を続けていくと確信していた。だから武田は彼に最後まで役者でいることを要求した。

「芸能界辞めていく子は泣きじゃくればいいのよ。いい思い出にしてもらう。でも濱田は最後の一行まで粘って芝居する。だからヤツだけに泣くことを許さなかった。泣きで逃げるなって」（※1）

「嫌いでした」と言った後に「でも今は、相当好きです」と続けられた言葉を濱田は顔をくしゃくしゃにしながら受け取っていた。どこかふざけたような表情を残しながら。そうして濱田岳は「香りのある」三枚目俳優に成長していったのだ。

（※1）フジテレビ「ワイドナショー」2014年1月20日

「一緒に血の汗を流して胃液吐くまでがんばろう！」

早見あかり

（ＴＢＳ「アゲイン!!」２０１４年７月22日）

ドラマ「アゲイン!!」（ＴＢＳ）でヒロインの女応援団長・宇佐美を演じた早見あかり。主人公の今村（藤井流星）から「応援団、やってて楽しいですか？」と尋ねられた宇佐美は「楽しいぞ！」と答え、続けて「一緒に血の汗を流して胃液吐くまでがんばろう！」と屈託なく言った。

「アゲイン!!」の原作は「モテキ」の久保ミツロウのマンガである。そのヒロイン宇佐美は、早見あかりをモデルに当て描きしたのだという。

「２０１１年に早見あかりさんがももクロを脱退すると知った時、女優を目指す彼女を何かしらか応援したい！　とファン心で思いました。ちょうど『アゲイン!!』連載前だった私は、早見さんが演じてるような気持ちで宇佐美団長というヒロインを描いたんです」（※

1）
その思いが叶い、宇佐美役に早見あかりが抜擢されたのだ。

今や、押しも押されもせぬトップアイドルグループとなったももいろクローバーZ。その「Z」が付く前、早見あかりはサブリーダーとしてももクロを支えていた。しかし、大ブレイク前夜とも言える2011年4月に早見はももクロを脱退した。

「楽しいっていう気持ちとは別にアイドルに向いてないんじゃないか？　あかり必要あるのかな？　こんなことを思うようになりました……」と脱退を発表した日の夜に自身のブログにそう綴っているように元々、女優志望だった早見は自分がアイドルに向いていないことをずっと悩んでいた。

「ももクロを辞めるときも、絶対に6人でやっていたほうが楽だってわかっていたんです。5人の仲間の支えがあるから。それにももいろクローバーとして有名になってから、自分の進みたい道に進んだほうが楽だってこともわかっていた」（※2）

それでも、彼女は一人で女優として生きていく決意をしたのだ。

ももクロの人気の理由としてよく挙げられるのが「全力だから」だ。けれど、「全力」なアイドルは他にもたくさんいる。では、他のアイドルたちと何が違うかといえば、彼女たちは「楽しむ」ということに「全力」を注いでいるということだ。だからその姿を見ていると自然と見ている方も楽しくなっていく。

もちろん早見あかりもそうだ。「女優、やってて楽しいですか?」と尋ねたらきっと「楽しいぞ!」と屈託のない笑顔が返ってくるだろう。彼女は「血の汗を流して胃液吐く」くらい「全力」で楽しみながら女優への道を進んでいる。

(※1) ドラマ「アゲイン!!」公式HP

(※2)「クイック・ジャパン」vol・106

「黒パンを2兆枚買いましょうか」

ハリウッドザコシショウ　（フジテレビ「めざましテレビ」２０１６年3月7日）

２０１６年、ついに「R－１ぐらんぷり」で「誇張モノマネ」を武器に優勝を果たしたハリウッドザコシショウ。優勝会見で賞金の使い道を聞かれ「黒パンを2兆枚買いましょうか」と幸せそうに誇張して答えた。

ザコシショウは芸歴24年の42歳。これまでアナーキーな芸風で芸人に愛されるタイプの芸人だった。それ故に「テレビ的」ではないと言われ続けてきた。だが、過去にも一度、ザコシショウは栄冠に輝いたことがある。それが「あらびき団」（ＴＢＳ）の「あら－１グランプリ」での優勝だ。「キング・オブ・あらびき」と称されてきた彼を司会の東野幸治は「これぞ芸人」と絶賛している。「こうやって自分の信じた道を突き進むのが芸人、憧れるなあ。それができなかったのが我々なんだ」（※1）とまで言わしめた。

そんなザコシショウも一度は芸人の道を諦めようと思ったことがある。もともとコンビとして活動していたが、突然相方が引退。ピン芸人としてどうやっていいか分からず足が震え台詞が出てこなくなったこともあったという。だから芸人を辞めてマンガ家を志した。だが、幸か不幸か持ち込んだマンガを編集者から酷評され、やはり自分には芸人しかないと思い、現在の事務所に入った。

そんな時、一緒にライブを行ったのがバイきんぐだった。そこで彼らは焼き鳥のねぎまを片手に「苦労するときも一緒、楽しいときも一緒」と「三国志」の「桃園の誓い」の真似事で「義兄弟」の契りを結んだという（※2）。ザコシショウは彼らを見て「こんなに笑いにアツいバカがいたんだと気づかされて、もう一度お笑いをやろうと決心した」（※3）。その後、バイきんぐはザコシショウのアドバイスが功を奏し「キングオブコント」で優勝しブレイクを果たした。そのときザコシショウは「俺たちの笑いが世の中に通じる事を証明してくれて本当にありがとう」（※3）と歓喜した。

今度はザコシショウの番だった。

「2兆個ある」という誇張モノマネの中から「自己満足と見せられるギリギリ」の線を狙

って100%ウケるものを厳選した。エゴサーチし、自分がどう見られているかを研究し、トレードマークでもあった白ブリーフを「汚らしいのかな」と思い、「メディア対応で」黒いパンツに変えた(※4)。

ハチャメチャに見える芸風だが、自分の信じるお笑いを貫くために意識を変えた。その象徴が「黒パン」だったのだ。

(※1)「コンティニュー」Vol・40
(※2)「TV Bros.」2012年9月15日号
(※3)TBS「ハッピーエンド」2013年1月29日
(※4)WEB「お笑いナタリー」2016年3月6日

「いかりや長介と萩本欽一を引きずり下ろすことしか考えてなかった」

ビートたけし

（フジテレビ「ワイドナショー」2015年4月5日）

「邪魔な存在はいなかったのか」

ビートたけしは若手時代のことをそう問われて当時のライバルであったいかりや長介と萩本欽一の名前を挙げ「引きずり下ろすことしか考えてなかった」とセンセーショナルなことを口にした。「この二人の牙城を崩さない限り、『ひょうきん族』なんかありえねぇと思うから」と当時の心境を続けて語っている。漫才ブームで人気を得たとはいえ、彼らを倒さない限り自分の未来はないと考えたのだ。

特にたけしは萩本欽一の「いい人」への〝転向〟に苛立っていたという。

「俺の性に合わないということがあって。もし萩本さんの番組がずっと続くようだったら、これお笑いの危機だと思ったわけ。俺にとってのね、自分の危機だから」（※1）

萩本は当時、日本テレビのチャリティー番組「24時間テレビ」の司会も始めていた。「『24時間テレビ』をやってて、たけしさんがボロクソ言うんですよ。『あの萩本欽一なんてふざけるな』って。僕はすごいショックだったんです」(※2)とたけし信者でもあり、萩本の大ファンでもあった爆笑問題・太田光が述懐するように、たけしは自身のラジオ番組などで萩本を「偽善者」などと痛烈に批判していた。

だが一方でたけしは「俺は萩本さんは認めてんだよ。55号ですごいんだから。坂上さんをいじめて、坂上さんのリアクションがすごくておもしろくて、これほどおもしろい人はいないと思って認めてる」(※2)と言う。事実、コント55号全盛の頃の萩本欽一は「いい人」とは真逆のサディスティックな芸風だったのだ。常識人の坂上二郎を変人の萩本が言いがかりのようなツッコミで追い込んでいくというのがコント55号のスタイル。たけしはその毒が好きだった。

それは浅草の修行で生まれたものだ。萩本が師事したのは東八郎。その東八郎に芸を教えたのが深見千三郎。たけしの師匠である。つまり、萩本はいわば深見千三郎の孫弟子であり、たけしは深見千三郎の弟子に当たるのだ。萩本はたけしの弟子であるガダルカナル・タカと共演した際、「自分の弟みたいな気がしてる」と語り、「だから(たけしに)言っておいて。大好き、だって」（※3）と微笑んだ。

かつて低かったお笑いの地位を引き上げた萩本の功績をたけしはハッキリと認めている。だからこそ、たけしはその萩本を引きずり下ろしてでも超えなければならなかったのだ。

「お笑いを立て直したのは、萩本欽一さん。やっぱり凄かったんだよね」（※4）

（※1）フジテレビ「ワイドナショー」2015年4月5日
（※2）テレビ朝日「ビートたけしのTVタックル」2015年4月5日
（※3）フジテレビ「テレビを輝かせた100人」2011年7月9日
（※4）テレビ朝日「ビートたけしのTVタックル」2014年12月28日

「なんかすごい幸せだなぁと思っちゃって。こんなことテレビでやってるって」

日村勇紀

（フジテレビ「そんなバカなマン」２０１５年6月16日）

無表情で柔道をしながらTシャツを破り合う「ノーリアクション柔道」というおバカな企画をやっている最中、思わず笑ってしまったバナナマンの日村勇紀は「なんかすごい幸せだなぁと思っちゃって」と照れ笑いを浮かべた。「こんなことテレビでやってる」なんてことが数年前の自分たちを思うと信じられなかったのだ。

対戦相手はバカリズム。20年前に出会い、売れない芸人時代同居していたこともある仲だ。当時、二人はテレビでお笑い番組を見ながら、「面白く無いですよね」「はい、38点」などと悪態をついていた。完全に嫉妬からだった。「その頃は何に対しても全部文句しか言ってない。ライブやるとお互いウケるんですよ。単独ライブやったらお客さん入ってくれるんですよ。これだったらテレビいけるんじゃないの？　が、呼ばれないんですよね。でも周りは呼ばれたりすると焦るし、何で俺達だけこんななんだろう？」（※1）ともがき苦しんでいた。そんな二人が冠番組で自分たちがやりたい企画をテレビでやれるようになったのだ。

バナナマンがコンビを結成した日の夜のエピソードはファンには有名だ。共通の知人の紹介で出会った二人がコンビ結成した夜、日村は相方となった設楽統《おさむ》の家に泊まった。すると日村は一度消えた部屋の電気を再びつけて「今からすげぇこと言うよ」と前置きし真顔で言った。

「俺たちこれからすごいことになるぜ」

バナナマンのコントは面白い。だが、テレビ向きではない。それがテレビマンたちの一般的な認識だったという。しかし、その突破口を開いたのは日村だった。「子供の頃の貴乃花」のモノマネが注目を浴び、「ブサイク芸人」としても脚光を浴びるようになったのだ。日村が最も凄いのは、普通の台本でも日村が演じるだけで笑いが起きることだという。「俺がここまで（日村を）育てたんです。自分でもスゴいと自負しています」と語った上で設楽は言う。「僕は日村勇紀の面白さを世に伝えるのが使命」（※2）だと。

「1のものを10にも100にもする力がある」と設楽が日村を評するとすかさず日村は「それを言ったら（設楽は）0から1へもってける力があるでしょ」（※3）と口を挟む。即ちバナナマンは二人なら0を100にする最強のコンビなのだ。かつてテレビ向きではないと言われてきたバナナマンはいつの間にか日村の強烈なキャラとそれを最大限活かし伝える設楽の力でテレビの申し子ともいえる地位まで登りつめた。日村が言う「すごいこと」を更新し続けている。

（※1）フジテレビ「無名時代」2015年3月29日
（※2）TBS「A-Studio」2011年11月25日
（※3）TOKYO MX「バナナ炎」2011年5月10日

「自由と孤独は表裏一体なっしーな」

ふなっしー

（NHK Eテレ「SWITCHインタビュー 達人達」2014年11月15日）

船橋市の「非」公認ゆるキャラとして2013年に大ブレイクしたふなっしー。翌年もふなっしーの勢いはとどまることを知らず、いまやNHKのトーク番組に出演したかと思えば、リアクション芸人のような仕事までこなしている。

NHKでふなっしーが真面目にトークしている。この違和感満載の組み合わせは2013年にも実現している。それは11月25日の「ニュースウォッチ9」。夜9時放送のNHKの看板ニュース番組だ。そこで「ふなっしーさん」などと呼ばれインタビューを受けていたのだ。

「ふなっしーがふらっと市役所入ったなっしー、変な奴が来たって感じだったなしな。後ろ盾がないので、メール打っても電話しても相手にしてくれなかったなしな」などと誕生

当時を振り返っていた。市には相手にされなかったが、ネットを中心に人気が急上昇。その人気がテレビにも伝播し、「ゆるキャラ」の代名詞的存在になった。

「ゆるキャラ」という言葉の生みの親・みうらじゅんは「(郷土ラブがありすぎててんこ盛りになって) too muchすぎてシュールになってるのがゆるキャラのもともとの条件」(※1) と語っている。しかし、今、市町村が作るゆるキャラは最初からゆるさを狙ったりしてゆるくない。一方、ふなっしーはゆるい。非公認ゆえの自由さと粗雑さがゆるキャラ本来のゆるさを蘇らせたのだ。

阿川佐和子との対談番組で「みんなから喜ばれてるうちはがんばろうかなと思ってるから、迷いがあんまりないなしな。とどのつまり、やりたいことやってる最中に死ねればいいかな、ぐらいの感じでやってるなしな」とふなっしーは語る。その上で「こうやってテレビ局さんが来てくれるっていうのはそんな長い期間じゃないと思うなっし」と現状を冷静に分析。「それが終わった後も、そのへんの学校とか幼稚園とかに、気楽に行けるようになれればいいかなと思ってるなっし。喜ばせるっていう活動は、ペースが落ちたとしても続けていきたいなと思ってるなしな」と夢を語る。そして「自由と孤独は表裏一体なっしーな。一人でやって自由なんだけど、常に孤独感はあるなっし」などとポツリと哲学的なことも漏らしたりする。「幸せとは?」と訊かれれば「死ぬまでに、どれだけ楽しい思い出をつくれるかってことなしな」と答える(※2)。

NHKで真面目に夢と哲学を語るふなっしー。その違和感はまさに「too much すぎてシュール」だった。

(※1) NHK総合「スタジオパークからこんにちは」2013年7月1日
(※2) NHKEテレ「SWITCHインタビュー 達人達」2014年11月15日

「社会はみんな悲しみとかを隠して、笑顔でいるべき場所」

ベッキー

（ＮＨＫ総合「スタジオパークからこんにちは」２０１４年10月23日）

かつて有吉弘行からそんなあだ名をつけられたベッキーが、テレビでいつも笑顔でいるのは「社会はみんな悲しみとかを隠して、笑顔でいるべき場所」だと考えているからだ。それを学んだのは、仕事で一緒になる人たちからだ。彼女の仕事仲間は、みんな常に笑顔だったのだ。

ベッキーが芸能界を志したのは、「とんねるずのみなさんのおかげです」（フジテレビ）のレギュラー出演者として全身タイツ姿で楽しそうに笑っている渡辺満里奈に憧れたからだ。２０００年に「おはスタ」（テレビ東京）で「おはガール」に抜擢されると一気にバ

「元気の押し売り」

ラエティタレントとして注目を浴びる存在となった。

ベッキーほど「テレビタレント」という肩書が似合う人は珍しい。「アイドル」でも「歌手」でも「俳優」でも、もちろん「芸人」でもない。「テレビタレント」としか言いようのない存在だ。2014年現在6本のレギュラー番組を抱えている。そしてそのほとんどが、あるVTRをスタジオで見て画面隅の小窓＝ワイプの中でリアクションする番組だ。そう、ベッキーの最大の武器は言わずと知れた「ワイプ芸」。昨今のテレビ番組の多くはこの形式だ。スタジオでは様々なタレントがベッキーと同じようにワイプの中からリアクションするが、その多くが過剰であったり、タイミングがズレていたり、わざとらしかったりして、邪魔になっている。

しかし、ベッキーはちょうどいい。なぜか。それはベッキーが普段から「テレビを見まくってる」からだ。「バラエティ番組で言えばひとつの映画だと思ってるので、ちゃんと番組の最初から最後まで流れで見たいんです」（※1）というように「勉強」で見ているわけではない。ただ純粋に「好き」だから見ているのだ。テレビっ子が好きなテレビ＝VTRを見ながら純粋にリアクションしている。だからちょうどいいのだ。

「アンタ、もうがんばんなくていいんだよ」

ベッキーはマツコ・デラックスとすれ違う度にそう言われていたという。マツコは彼女がテレビの中で無理をして自分を殺すように生きていると感じたのだ。けれど、そうではない。彼女はツラい時でも無理やり笑顔を作っているのかと問われると「作ってないですよ」と笑って否定した。

「逆に悲しみがあるときほど、こういう番組で笑っていられる時間をいただいてホントに笑顔になれるんです」(※1)

テレビこそがベッキーの元気と笑顔の源なのだ。

(※1) NHK総合「スタジオパークからこんにちは」2014年10月23日

「より生きることが好きになった。なぜならゴールをちょっと見ちゃったから」

星野源

（TBS「オトナの！」2014年8月27日）

インストゥルメンタルバンド「SAKEROCK」のギタリストであり（2015年6月解散）、ソロのシンガーソングライターでもあり、大人計画に所属する俳優でもある。近年では「LIFE！人生に捧げるコント」（NHK総合）でコントにも挑戦している。

そんな幅広い活躍をし、誰からも愛される存在になった星野だが、小学生の頃、学校へ行く度に「顔が暗くなっていった」と親が言うほど学校に馴染めなかった。極めつけは小3の頃、うんこを漏らしてあだ名が「うんこ」になってしまったことだ。

今でこそ「笑顔がステキ」などと言われることが多いが、自分では「一体誰のことを言っているんだ？」と違和感をおぼえるのだと言う。

「あんまり感情みたいなものが出なくなって。中学の頃にあまりに笑えないから無理矢理

笑ってやろうと、とにかくウソで笑ってたんですよ」（※1）

辛い学生時代の星野の拠り所は「笑い」だった。「僕はバラエティを観ていて、テレビを消したときの『スーン』みたいな空虚感が耐えられない子供でした。現実がつまらなすぎて」（※2）。そんな「スーン」が辛すぎて「テレビの向こう側に行きたい」と思ったのが芸能の世界に興味を持ったきっかけだったという。

星野がくも膜下出血で病床に臥したのは2012年12月のことだった。翌年2月に復帰するも、13年6月に〝再発〟。その壮絶な闘病生活は自著『蘇える変態』に詳しい。「バットで頭を殴られたような痛みとともに、立っていられなく」なった星野は緊急入院。手術後、24時間、不眠不休で痛みと神経過敏に耐え続ける。それが三日間続いた。そして星野は実感する。「生きるということ自体が、苦痛と苦悩にまみれたけもの道を、強制的に歩く行為なのだ。だから死は、一生懸命に生きた人に与えられるご褒美なんじゃないか」（※3）と。だから逆に「より生きることが好きになった。なぜならゴールをちょっと見ちゃったから」。

死というゴールを覗いた闘病生活の〝命づな〟のような存在がやはり「笑い」だった。絶望的な辛さの中でも笑えることは確かにあった。いや、むしろ病室という限定的な空間だからこそ「楽しいことも、辛いことも、濃縮して味わった」(※3)。
星野の「知らない」という曲に「物語つづく　絶望をつれて」という歌詞がある。
「辛いことの中には意外と面白いことが混じってる」(※4)。
だから、絶望を「乗り越える」のではなく、「つれていく」のだ。

(※1) テレビ朝日「ゲストとゲスト」2012年7月2日
(※2) WEB「音楽ナタリー」2011年9月28日
(※3)『蘇る変態』星野源 (マガジンハウス)
(※4) TBS「情熱大陸」2014年2月23日

「常識からはじかれてる奴もおっていいし、無駄じゃない」

又吉直樹

（TBS「王様のブランチ」2015年3月14日）

小説『火花』で文壇デビューした又吉直樹は、作品で伝えたいことを問われ「常識からはじかれてる奴もおっていいし、無駄じゃない」と答えた。ただし「伝えたいんじゃなくて、思いたい」のだと言う。子供の頃から「共感を得られるタイプじゃないんで、存在は認めてくれって。おったらあかん奴にするな」と。

「最終的に本になりたい」（※1）というほど子供の頃から本の虫だった又吉。一方でサッカーで大阪府代表として全国大会に出場するほどの運動神経の持ち主でもある。だが、チームプレーが大切なサッカーにおいても又吉は〝浮いて〟いた。「世界で一番サッカーボールに触る」という目標を掲げて「毎朝毎晩独りでボールを蹴り続けた」（※2）ような風変わりな練習をしていたのだ。性格は暗かった。

だが、子供の頃は明るく振る舞おうとしていた。好きな女の子に「フランケンシュタイン」とあだ名をつけられたことがある。又吉は全力でフランケンを演じたが家に帰り寝る前に天井を見上げ、「フランケンか……」と落ち込んだ。

「5年生くらいになってから人前で明るく振る舞っている自分と暗い部分とか内面の自分との間に開きが出てきてだんだんしんどくなってきた」（※3）

そんな思いを抱え出会ったのが太宰治だった。彼の小説の中に自分がいる。暗い自分のままでいいのだ。そう思ってのめり込んだ。

高校を卒業し、上京した又吉が最初に住んだのは三鷹のアパートだった。それから1年ほど経った後、ふと思い立ち太宰治の住居を調べてみると「三鷹市下連雀1－00（現・2－14）」とあった。2－14といえば自分が住んでいるアパートの住所だ！

「凄い偶然があるものだ、やはり自分は太宰という作家に惹かれる運命にあったのだ」（※2）

そんな偶然でますます本の虜になっていった。暗くて本好きで純文学小説まで書いてしまう。芸人としては異色すぎる男だ。

「漫才師だからめっちゃ酒飲まなあかんとか、ギャンブルせなあかんとか、女遊びせなあかんとか、そういうのやっていってる人って、芸人に憧れてるだけで実は芸人じゃないんじゃないかって僕は思ってて。嫌いなんですよ、『芸人はこうあるべき』とか」(※4)

いろんな芸人がいてもいい。本来はそれまでの「芸人らしい」という常識と外れた存在であればあるほど「芸人」と言えるはずだ。

「最強のボケを長尺で引っ張ってる状態なんですよ。『なんでお前が芸人になんねん!』みたいな」(※5)

(※1)テレビ朝日「アメトーーク!」2012年9月20日
(※2)『第2図書係補佐』又吉直樹(幻冬舎よしもと文庫)
(※3)NHK「課外授業 ようこそ先輩」2013年2月23日
(※4)TBS「王様のブランチ」2015年3月14日
(※5)フジテレビ「ボクらの時代」2015年3月8日

「僕って自分のことどうだっていいんですよ。人のこと応援するのが生きがいなんで」

松岡修造

（ＴＢＳ「マツコの知らない世界」２０１５年7月28日）

「自分のこと褒められると弱いのね」

マツコ・デラックスにそう指摘されると一瞬照れくさそうにしながらも「自分のことどうだっていいんですよ。人のこと応援するのが生きがいなんで」と松岡修造は力強く言い返した。

松岡修造といえば暑苦しいほどアツい男である。まだ現役プロテニスプレイヤーだった１９９６年のフェドカップで、伊達公子を観客席から大きい旗を振りながら、一際大きい声で応援。その姿は失笑と同時に感動も呼んだ。現役引退後もそのアツいキャラのまま、スポーツキャスターなどを務めている。当初はそのキャラがウザがられてもいたが、今やテニスのみならず五輪キャスターなどに抜擢されるほどの人気。日めくりカレンダーを模した名言集『日めくり　まいにち、修造！』は大ベストセラーとなっている。

たとえば彼の名言に「失敗したらガッツポーズ」というものがある。何かミスした場合、ガッツポーズをして喜べ、ということだ。この言葉には松岡の哲学がつまっている。その真意は、失敗したら自分の欠点が分かり改善できるから、失敗は決して悪いことじゃない、むしろ、いいことだという考え方だろう。松岡らしい考え方だが、彼の真骨頂は考え方そのものよりもその表現の仕方だ。

「それをどれだけおもしろい言葉で伝えれるか。『失敗してもいいんだよ』って言うよりも、『失敗したらガッツポーズ』と言うほうが伝わりやすい」（※1）

いかに意外性のある言葉を組み合わせて、相手の心に響かせるか。それを松岡は常に考えているのだ。

ポジティブなイメージの強い松岡だが「ドがつくぐらいネガティブです」（※1）と自己評価を下している。現役時代は「ガラスのメンタル」などと評され、格下の選手にプレッシャーが原因で負けることも少なくなかった。だから「この一球は絶対無二の一球なり」と漫画『エースをねらえ！』に引用され広く知られるようになった福田雅之助の言葉を唱えながら試合に臨んでいた。試合中にもその言葉を叫んで、日本人では62年ぶりとなるウィンブルドン・ベスト8進出の快挙を成し遂げたのも有名だ。いわば、松岡は自分自身を「応援」していたのだ。現役を引退した現在、その「応援」は他人に向かっている。

「自分自身をずっと応援して、その後は人を応援してた。僕は一度もがんばったことはない」（※2）

それは誰よりもアツく懸命にがんばってきた男だからこそ言える言葉だろう。

（※1）NHK総合「スタジオパークからこんにちは」2015年6月5日

（※2）NHKEテレ「SWITCHインタビュー 達人達」2015年6月13日

「だってアタシもう1年中ハロウィンみたいなもんだもん」

マツコ・デラックス

（日本テレビ「月曜から夜ふかし」２０１４年11月17日）

マツコ・デラックスは、ハロウィンの仮装を薦められると「1年中ハロウィンみたいなもんだもん」と憮然とした表情で返答した。確かに、インパクト抜群の体型の上、女装するマツコはハロウィンの化け物じみている。そんな強烈な個性が受けて異端の存在だったはずが、いつの間にかテレビの中心に座っている。

そんなマツコはいわゆる「パートタイム女装」である。即ち、常に女装をしているわけではない。元々はただの〝趣味〟だった。

「唯一の趣味が女装だったの。でももう完全にこれビッグビジネスになっちゃったじゃない。こうなっちゃったら楽しくもなんともないよね」（※1）

初めて女装したのは小学校の頃だった。学芸会で女装し、並木路子の「リンゴの歌」を歌ったのだ。大ウケだった。「そのときに世の中の仕組みというか、どうしたら人々に持て囃されるのかがわかったんですよ」（※2）。発想を変えれば、「デブ」とバカにされていた自分でもクラスの中心になることができることを知った。その後しばらくゲイの自覚は無かったが、20歳頃に自分がオカマだったから女装という手段を選んだと気づいた。同性愛者で女装癖。これはいわゆる〝オカマ〟の中でもマイノリティである。

マツコは常に「私は差別されているから笑われてるんだ」と自覚しているという。

「『コイツは私たちと違う人』って思われてるのが私にはわかるし。やっぱオカマって最後は『お前はこっちじゃない』って言われる性別だからね。ましてやこんなおかしな格好して太ってるわけで、異形の極致みたいな存在だもん」（※3）

世の中は男と女でできている。マツコはどこまで行っても〝部外者〟だ。それゆえに毒舌を吐いても許されるのだとマツコは分析する。

「結局は仲間に入れてもらえないから許されるんであって、それはすごくありがたいと同時に、とても悲しいことでもあるわよね」（※3）

だからマツコは「化け物」になる道を選んだ。

「どうせ世間様はアタシのことなんて化け物ぐらいにしか思ってないんだろう、って卑屈な気持ちが半分と、どこかで、化け物のように畏怖の存在になりたいという厚かましい思いが半分あるような気がする」（※4）

マツコの女装はいわば〝武装〟なのだ。自分を守る鎧だ。と同時に社会の中で自分らしく生きるための武器でもあるのだ。

（※1）日本テレビ「おしゃれイズム」2014年11月23日
（※2）「クィア・ジャパン」VOL・3
（※3）「クイック・ジャパン」vol・91
（※4）『愚の骨頂 続・うさぎとマツコの往復書簡』中村うさぎ・マツコ・デラックス（毎日新聞社）

「自分では（役者が）本業だとは思えない」

水谷豊

（フジテレビ「ボクらの時代」２０１５年４月26日）

水谷豊といえば手塚治虫原作の特撮ドラマ「バンパイヤ」（フジテレビ）でデビュー後、「傷だらけの天使」（日本テレビ）、映画「青春の殺人者」、「熱中時代」（日本テレビ）、「刑事貴族」（日本テレビ）、そして「相棒」（テレビ朝日）と各年代で別々のハマリ役を長いスパンで演じ続けている稀有な俳優である。そんな水谷は12歳で劇団に入った後、自分のいる世界じゃないなどと思い一度役者を辞めている。しかし、父親の事業が破綻し経済的に苦しくなったうえ、大学受験に失敗し、浪人生活するためバイトをしなければならないと仕事を探していた折、ちょうど「また役者をやってみないか」と誘われたという。一度経験した役者という仕事。どうせアルバイトをするのなら、経験をしたことのある仕事のほうがいいと思った水谷はそれを引き受けた。その演技が評価され、その後も依頼が途切

れなかった。だから、極端なことを言えばいまだにその「アルバイト」という意識が続いているという。

だからなのだろうか。「まだ本気出してないんだよね」（※1）と水谷は笑う。

いつしか「来年は本気出すよ」というのが、もう何十年も続く年末恒例の口癖になってしまったという。そんなことを言えるのは役者として絶対の自信があるからだろう。

「カメラの前に出たりとか、こう芝居をして手を合わせると、だいたいは勝負つくのね」（※1）と水谷は言う。勝ち負けではないが、それに近い感覚だという。実際に一緒に芝居をした途端、共演者たちから信頼を勝ち得ることができるのだ。

「いろんな役をやってきてるんですけど、僕は自分を変える意識がないんですよ」（※2）

たとえば「傷だらけの天使」の亨《あきら》は「中学も行っていない」とか、「相棒」の右京は「東大を首席で卒業」とか、役の生い立ちや経歴さえ分かればそれだけでいい、と。

「それだけ分かれば、もう（自然に）そうなっていくんですね。ですから自分で役作りに苦労したことがない」（※2）

役者は「定年退職はないけど、自然退職がある」仕事だと水谷は言う。つまり依頼がなければやりたくても成立しない。「これはばっかりは一生やるって決められない」から、そんな仕事は「本業」とは呼べないという。
水谷豊にとって俳優は「本職」と呼べないかもしれない。だが、「天職」と呼ぶには相応しい。

（※1）ＴＢＳ「リシリな夜」２０１４年2月23日
（※2）ＮＨＫＥテレ「ＳＷＩＴＣＨインタビュー 達人達」２０１５年4月18日

「十何年前の、あの頃の私に、『いいことあるよ』って言ってあげたい」

光浦靖子

（フジテレビ「めちゃ×2イケてるッ！」2016年4月16日）

十数年前、片思いの相手に告白した光浦靖子。その相手に長い時を経て、後ろから抱きしめられ興奮して「あの頃の私に、『いいことあるよ』って言ってあげたい」と吐露した。最後には彼の子供や妻が出てくるというオチがつくのだが。

今でこそ「ブスと言われる度に銭が懐に入るシステムで生きている」（※1）などとうそぶく光浦だが、子供の頃から自分が「ブス」とは自覚していなかった。小学生の頃は、母親から常に褒められて育った。だから「自分は他の子と違って、清楚で、品があって、可愛い」（※1）と自信過剰な少女だった。それが揺らいだのが中学の頃だ。地元のお祭りで男子が好きな女子を誘って踊るというイベントがあった。すぐに誘われるはずと思っていた光浦だが、自分よりも〝格下〟と考えていた女子までもが誘われる中、誰からも誘いを受けなかった。最後の最後でようやくヤケ気味で誘われたが、その男子は自分がずっと「ブサイク」だと半ばバカにしていた大久保佳代子のイトコだったのだ。その時「私の容姿は思うほど良くない」と気づいた。

決定的だったのは、大学に進学しお笑いサークルに入った時だった。女子が入ることは珍しく、電話口では大歓迎だった男子部員たちが、実際に彼女を見ると、バイトがあるなどと出て行ってしまったのだ。人一倍美しい物を愛する彼女は自分がそうではないことを知って絶望した。だから自分を好きと言ってくれる男を「気持ち悪い」と思うようになった。「私は自分のルックスが嫌いなのに、『かわいいじゃん』と言われると、『この人、変態かも』」（※2）と思ってしまうのだ。つまり、嫌いな自分を好きになる相手を好きになれないのだ。

そんな光浦も恋をした。大久保とオアシズを結成した頃だった。だが、あろうことかその恋は、親友であり、相方でもある大久保に寝取られるという形で終わった。その時、光浦は大久保に言った。

「私は彼のことは好きだけど、たかが3ヶ月の付き合いだ。あなたとはもう何十年も付き

合ってる。あたしは友情を取る！」（※3）

その時を境に、「かよちゃん」から「大久保さん」に呼び名が変わった。それでも光浦は芸能界に入って良かったと言う。

「不幸を可能な限り笑ってくれるからです。私は優しいと感じます。失恋の痛手を治してくれたのは、友達の慰めではなく、芸人さんの、スタッフさんの大爆笑でした」（※1）

（※1）『不細工な友情』光浦靖子・大久保佳代子（幻冬舎文庫）
（※2）NHK教育「Q　わたしの思考探究」2011年2月5日
（※3）テレビ朝日「アメトーーク！」2011年1月27日

「『まだみんなが空をつかむようにテレビをやってた時代みたいに遊ぶことがしたい』っていうので、ちょっといいなと思って」

満島ひかり

（NHK総合「土曜スタジオパーク」2016年4月30日）

テレビ草創期を描くドラマ「トットてれび」（NHK総合）。その主役である黒柳徹子役のオファーに満島ひかりは爆笑したという。なにしろ生ける伝説のような人物だ。ただの再現ドラマになってしまうんじゃないかと、2度断った。けれど「まだみんなが空をつかむようにテレビをやってた時代みたいに遊ぶことがしたい」という監督の言葉に心が動いた。監督は「テレビドラマでいまできる遊びをしてみたい」というのだ。

長女・ひかり、長男・真之介、次女・みなみと4兄弟のうち3人が芸能の世界に身を置く芸能一家の満島家だが、元々は「体育会系」の家族だった。なぜなら、両親がともに体育教師だったからだ。朝は毎日5時の「ミーティング」から始まる。また、何をしていいようが父親の指笛が鳴ったら問答無用で集合である。そして、そのミーティングの号令役を担当するのが長女のひかりだった。彼女は運動一家に生まれながら運動が苦手なのがコンプレックスで一日1冊は本を読んで、妄想ばかりしていた。そんな中、沖縄アクターズスクールでダンスを始めてようやく居場所を見つけた。彼女はそのままアイドルグループ「Ｆｏｌｄｅｒ」の一員としてデビュー。解散後は浜崎あゆみのマネなどでモノマネ番組にも出演していたが鳴かず飛ばずの日々が続いた。これで落ちたら辞めようと思って受けた「ウルトラマンマックス」のオーディションに合格し女優の活動をスタートすると園子温監督の「愛のむきだし」に主演し鮮烈な印象を与え、いまや日本を代表する実力派女優となった。

「お芝居をする仕事って、よくない」（※1）という思いがあるという。

「こういう女優になりたいというのはだんだんなくなって。いまは、たくましい女性になりたい」（※1）

そう思えるのは「監督さんたちは芝居どうこうより人間力を求めていると思う」（※2）という実感があるからだろう。黒柳徹子は満島を「好奇心いっぱいで、なにかおもしろいことないかなぁって探してるような」人だと評している（※3）。それは黒柳徹子そのものだ。

女優という枠にとらわれず自然体かつ貪欲に「楽しい」ものに挑戦し続け〝人間力〟を高めてきた両者の姿が重なる。

「不真面目にやろうと心がけています。真面目に遊ぼうとしているんです」（※4）

誰よりもテレビで「遊んで」きた黒柳徹子。満島ひかりが彼女を演じるのは必然だったのかもしれない。

（※1）「AERA」2011年10月10日号

（※2）NHK総合「スタジオパークからこんにちは」2011年6月22日

（※3）NHK総合「土曜スタジオパーク」2016年4月30日

（※4）「毎日新聞」2016年4月25日

「私、大人だけど大人が嫌いなの」

美保純

（日本テレビ「心ゆさぶれ！先輩ＲＯＣＫ ＹＯＵ」２０１４年2月1日）

松本伊代、秋本奈緒美ら「オールナイトフジ」（フジテレビ）の出演者が集結したＶＴＲをスタジオで見た美保純が、自らのゲスト出演時のことを思い出し「裏でガンガン酒飲んで酔っ払って出たらみんなに嫌われたの！　私は出禁になったのこの番組！」（※1）と興奮して言った。その後、週刊誌に共演した女子大生に「女優Ｍ・Ｊはどうしようもない奴だ」と告白までされたそうだ。

彼女は、子どもの頃から女子たちに嫌われやすい女の子だった。中学のときは周りから「付き合ってはいけない子」扱いされた。スカートがくるぶしまで長く、パーマもかけていた。いわゆる「不良」だ。奔放に多くの男とも付き合っていた。だから女子から妬まれ嫌われたのだ。だが、そんなときも親だけは味方だった。「あなたはオシャレで、ドン臭い田舎のワキ毛まだ生えてるみたいな子と違うんだから」(※2)とかばってくれていたのだ。

奔放な生き方そのままに、日活ロマンポルノでデビュー。ジョージ秋山原作の「ピンクのカーテン」ではピンク映画でありながらブルーリボン新人賞や日本アカデミー新人俳優賞を受賞し、一般映画にも進出していく。抜群の演技力だけでなく歯に衣着せないコメントや飾り気のないキャラクターも人気を呼び、バラエティ番組などにも出演。「オールナイトフジ」もそのひとつだった。美保純の他にもポルノ映画出身で大成した女優はいるが、彼女が特殊なのはその過去を隠さないことだ。いや、それどころか、誇らしげに自ら語ることも多い。

デビュー当時は「グラビアとかエロい感じの人は分けちゃったりする時代だったので。でも、そういう人にも人格はあるんだよっていう」(※3)気持ちだったという。「あなたのために水着になってるわけじゃなくて、自分が水着になりたくてなってる」(※3)と。彼女が過去を隠さないのは、自ら進んで選んでやってきたことだからだ。

「私、大人だけど大人が嫌いなの」と美保は言う。そういうもんだよと諦め、理不尽なルールに従うような大人にはなりたくないと。

「皆そういう風になりたくなくて大人になったはずじゃんて思っちゃう」（※4）

だから彼女にとって「自分の敵は自分」（※4）だ。まあいいか、と周りに合わせようとするもう一人の自分と常に戦っているのだ。彼女は他人に嫌われることを厭わない。だが、自分だけは自分を嫌いになりたくないと生きてきた。その結果、周りから深く、長く愛されるようになったのだ。

（※1）フジテレビ「バイキング」２０１５年9月2日

（※2）ＴＯＫＹＯ ＭＸ「5時に夢中！」２０１５年5月6日

（※3）ＮＨＫ総合「スタジオパークからこんにちは」２０１３年4月30日

（※4）日本テレビ「心ゆさぶれ！先輩ＲＯＣＫ ＹＯＵ」２０１４年2月1日

「心のマーキングする癖はいまだに変わってない」

宮沢りえ

（TBS「A-Studio」2015年9月11日）

約20年前、笑福亭鶴瓶が宮沢りえに飲みの席で描いてもらったという似顔絵。そこには「ブーちゃん（＝鶴瓶）、大好き」と添え書きされていた。宮沢りえが、それを懐かしそうに見ながら「心のマーキングする癖はいまだに変わってない」と恥ずかしそうに微笑んだ。タモリや蜷川幸雄、篠山紀信ら各ジャンルの〝巨匠〟に愛されているのもそんな「心のマーキング」をしてきたからであろう。

「才能あるクリエイターと出逢って、見たことのない自分になることは喜びであると同時に、恥ずかしさも伴うもの。その羞恥心を毎回、太くて大きなハンマーでたたき壊しているんです」（※1）

小学生の頃はハーフであるということで、肌や髪の毛の色が違うから学校でイジメられた。けれど、初めて仕事をした時にプロのメイクに自分のコンプレックスを褒められた。「メイクしていくと年齢も不詳になってきて、いままでそこにいた小学生の自分がなくなっていくときにものすごい嬉しかった」(※2)

〝国民的美少女〟と称され一気に人気を獲得すると、その絶頂時に、ヘアヌード写真集『Santa Fe』を発売し、衝撃を与えた。「どっちかっていうと破壊的だし、自分自身、せっかく重ねてきたものがあると、気が付くとハンマーを持っている感じ」(※2)と、ここでもハンマーを振りかざしたのだ。

30代になるとテレビの露出は減り、主戦場を舞台に移した。それは彼女の強い意思によるものだ。30歳のとき、野田秀樹演出の舞台「透明人間の蒸気」に出演。その稽古中、エチュードをやることになった彼女は愕然とした。共演者たちに比べ、自分の引き出しがあまりにも乏しかったのだ。「純粋であるとか、素直であるとか以外に何の取り柄もないってことにものすごい衝撃を受け」(※2)たという。そこで、40歳になったときに、堂々と舞台に立っていられる女優になりたいと、この後の10年を舞台に捧げることを決意したのだ。その結果、古田新太をして「日本最後のアングラ女優」(※3)と言わしめるまでになった。

「私、茨の道に引き寄せられる性質なんです」（※1）

確かに〝国民的美少女〟のイメージを貫けばもっと別の安定した道があったかもしれない。けれど彼女はそれを良しとせずあえて「茨の道」に飛び込むような挑戦を続ける。その挑戦こそが宮沢りえの「心のマーキング」なのだ。

（※1）「ＦＲａＵ」２０１５年７月号

（※2）ＮＨＫＥテレ「ＳＷＩＴＣＨインタビュー 達人達」２０１５年９月５日

（※3）ＮＨＫ総合「スタジオパークからこんにちは」２０１３年６月26日

「色んなこと一つしか考えられないんですよねえ。どうしても音楽のほうが先になっちゃう」

宮本浩次

（日本テレビ「LIVE MONSTER」2014年6月15日）

エレファントカシマシのヴォーカル宮本浩次《ひろじ》は新曲「Destiny」についてのインタビューを終え、疲れ果てたように「結構汗だくで答えさせていただきました」と笑った（※1）。エレカシといって思い浮かべるのは、質問に対して言葉をつまらせながらも、髪を乱暴にかきあげ身振り手振りで答える宮本の姿だ。そして懸命に喋る宮本の傍らで他のメンバーは微動だにせず黙っている。このバンドは「宮本のものなんだ」という考えが徹底しているのだろう。

徹底しているといえば宮本の衣装もそうだ。色々なことを一つしか考えられず「どうしても音楽のほうが先になっちゃう」から彼は白か黒しか着ない。衣装に迷っている時間がもったいないのだ。

そんな宮本が時間を惜しまない趣味が読書だ。「本が周りにあるとものすごく安心感がある」（※2）と言う。夏目漱石や森鷗外、永井荷風など日本の文豪が好きで蔵書は5000冊以上にのぼる。読書家ゆえ文章も巧みだ。それを褒められたときは言葉を探した挙句「上手いんです」と自賛した。だが、すぐに「鷗外に比べると下手なんです」と言うのだ。「でも鷗外は僕に比べると歌が下手なんです。そうすると森鷗外に勝つなら歌だろう」（※3）と。宮本にとって文豪は〝偉人〟ではない。同じ表現者としての〝ライバル〟なのだ。

国勢調査などでの職業欄には「ロック歌手」と書く（※4）ほどロックに対するこだわりの強い宮本。我が道を行くというイメージがあるが、宮本は「堂々とヒットチャートを気にする」ことを隠さない。

「チャートが上に行くといいなぁと思ってて。すごい、知ってもらいたいんでしょうね、自分がしっかりやったものを、やっぱり一人でも多くの人に。ま、伝えたいんだろうね」（※5）

彼が頭をかきむしり、汗だくになりながら一つ一つの言葉を選んでいるのも正確に伝えたいという思いに他ならない。
「ウソは言わないようにしようっていうのはあるんですよ。(略) だから、そのラジオとかテレビとか取材とかのときは、もう、相手との距離もさることながら、その向こうにいる人にどういう風に言うと一番分かりやすいのかなっていうのを、一応考えるようにはしてるんですよ。結果的に全然、錯綜してる事が多いようなんですけど」(※5)
もちろん歌も同じだ。
「届け!! という一心で歌う」(※5)
それが宮本浩次のルールだ。

(※1) 日本テレビ「ZIP!」2014年6月12日
(※2) TBS「王様のブランチ」2014年6月14日
(※3) テレビ朝日「ゲストとゲスト」2012年5月28日
(※4) フジテレビ「僕らの音楽」2010年12月24日
(※5) TBS「私の10のルール」2009年5月12日

「八方美人じゃない、十六方、三十二方美人です」

ムロツヨシ（NHK総合「土曜スタジオパーク」2015年7月11日）

「うぜーな、お前みたいなの苦手なんだ」

まだ売れない俳優だった頃、ムロツヨシはしつこく売り込みをしていた。相手からは当然ウザがられた。そんな時ムロは「分かります。ムロツヨシも嫌いです」と笑い、引き下がらず売り込みを続けていた。「ムロツヨシです、使ってください」「ムロツヨシはこう思う」「ムロツヨシはこう考えてます」とひたすら名前を連呼し、名刺を渡し、自分の名前を覚えてもらおうとしたのだ（※1）。その売り込みの甲斐あって、遂にムロにチャンスを与えたのが「踊る大捜査線」の本広克行だった。

カッコつけず「売れたい」と言ってくるムロを「お前の野心はキレイだ」（※2）と自身の映画に起用した。そこからムロツヨシの快進撃は始まる。深夜ドラマを中心に名脇役として引っ張りだこ、コント番組「ＬＩＦＥ！　人生に捧げるコント」（ＮＨＫ総合）にも出演している、今や日本を代表する「喜劇役者」だ。ＮＨＫ朝ドラ「ごちそうさん」では、すぐ熱くなる建築家を異物感たっぷりに演じ強烈なインパクトを与えた。

ムロがウザいのは売り込みだけではない。過剰な演技もまた〝ウザい〟。まだ彼の個性が認められていない頃は、演出家から「ちゃんとやって」「余計なことするな」と言われた。ムロにとって「ちゃんとやる＝コレ」だった。

「それで普通にやるくらいなら、やりたいことやってなにか思われたほうがいいかなって。まぁ最初は嫌われたっていうか、煙たがられました」(※3)

転機になったのは「〝ウザイ〟で主役になれるよ」というある演出家の言葉だった。いい芝居を考えるのをやめて舞台上でただ楽しむようになった。ただスベっている人だったのが、粘りと押しの強さでいつしか観客もハマっていったのだ。そして朝ドラ「ごちそうさん」では、「余計なことをやってください」と演出されるまでになった。

「どうか僕を好いてほしい」と常に思って行動しているとムロは言う。「嫌われたくない」ではなく、「好かれるようになりたい」と(※2)。そうやって積極的に近づけば近づくほど、それを嫌う人もいる。けれど、嫌われた人にもさらにグイグイ近づいていくという。

ムロは子供の頃、両親が離婚し、親類に預けられた。そんなとき、友だちが家に遊びに来てくれて救われた。「友だちに救われてきた人生」（※2）だった。だから一人でも多くの友だちが欲しい、と。よくムロは「八方美人」だと言われることがある。そんな時、ムロはこう返すのだ。

「失礼ですよ、先輩。八方美人じゃない、十六方、三十二方美人です」

ムロは視聴者をも〝友だち〟にしようとしている。

（※1）日本テレビ「しゃべくり007」2015年8月10日
（※2）NHK総合「土曜スタジオパーク」2015年7月11日
（※3）『21世紀深夜ドラマ読本』（洋泉社）

「今はもう〝桃井かおり〟は清水（ミチコ）さんと（椿）鬼奴さんにあげて」

桃井かおり

（TBS「サワコの朝」2016年3月12日）

若いときから〝個性派〟女優として確固たる地位を築いた桃井かおり。だが、その一方で少し前まではその〝個性〟に縛られることも多かった。「〝桃井かおり〟も結構パターン化してましたから、桃井かおりの看護師さんとか、桃井かおりの学校の先生とか、みんな〝桃井かおり〟でやってた」と当時の心境を吐露した上で、自身の〝個性〟をモノマネする清水ミチコや椿鬼奴に「桃井かおり」を「あげた」と言う。

桃井かおりが女優デビューしたのは20歳の頃。ドキュメンタリー監督・田原総一朗が演出した映画「あらかじめ失われた恋人たちよ」だった。映画のなかで田原は「裸になってセックスして」と迫った。桃井が「なぜ？」と問うと「実存だよ！」と答えたという（※1）。

そんな体当たりの演技で、一気に〝個性派〟女優として評価された。

子供の頃は暗く悩んでばかりの少女だった。だから「〝化ける〟つもりで俳優になった」（※2）という。そうして女優になった桃井は「なんかこんな女いたらおかしいなぁ、っていうのを装ってたら、そういう女になっちゃった」（※2）のだ。つまり、桃井かおりは桃井かおりを演じ、桃井かおりという虚像を作り上げていった。

そんなイメージ先行で評価されているとき桃井は「結婚詐欺みたいな気分だった」と語っている。「こんなんでやっていけるわけないんだから、冷や汗かいてました」（※3）と。なぜなら「〝桃井かおり〟をやっているだけだから。（女優として）役を演じてない」（※3）という思いからだ。

桃井かおりにとって〝桃井かおり〟が大きな壁となったのだ。

悩み多き少女だった桃井は大人になってそんな悩みを解消する〝コツ〟を覚えたという。

「悩みにぶつかったらどうやって乗り越えてきましたか？」と問われるときっぱりとこう答える。

「乗り越えないから、私。回避だもん！」（※2）

虫でも動物でも目の前に何か壁があったらその壁に向かっていくようなことをしない。

壁のない方向に進めばいいのだ。
その言葉どおり桃井は自分のことを誰も知らないアメリカに逃げるように移住し無名の〝新人〟女優生活を謳歌している。
「今までは実態のない自信のない生活をしてたわけ。でも普通の生活って凄いですよ。実態があるから」(※3)
桃井かおりは桃井かおりという個性を捨てることで自分自身に戻ることができたのだ。

(※1) TBS「クメピポ! 絶対あいたい1001人」2009年5月27日
(※2) TBS「爆!爆!爆笑問題」2010年6月23日
(※3) TBS「サワコの朝」2016年3月12日

「無理して笑うとかじゃなくてホントにいつもどおりできるから。みんなとずっとワイワイやって」

百田夏菜子

（フジテレビ「ボクらの時代」２０１５年５月３日）

アイドルは常に明るく元気でいなければならない。それは大変ではないかと訊かれ「ももいろクローバーZ」のリーダー百田夏菜子は「基本暗い話をするタイプじゃない」から「無理して笑う」ことはないと答えた。「ホントにいつもどおりできるから。みんなとずっとワイワイやって」と。さらに「私は自分がアイドルなんだってわかったときから、キャラ作ったりとかそういうのは絶対にやらないようにしようと思ってた」と続けた。つまり百田はアイドルになる前からずっと「いっつもクラスのちょっとうるさい奴」だったのだ。

百田はスポーツ万能。漠然と将来はスポーツ選手になるんだろうと考えていた。その運動神経は思わぬ形で活かされることになった。それがももクロの代名詞の一つとなったエビ反りジャンプだ。元々、ももクロの事務所はアイドルがいなかった。だからアイドルの育て方が誰も分からなかった。それが逆に奏功した。

「アイドルだからこうしなくちゃいけないとか、アイドルだからこれをやっちゃいけないというのが一切なかったんですよね。(エビ反り)ジャンプも『ダイナミックだからいいじゃん』くらいの感じで(始めた)」(※1)

アイドルらしからぬその過剰なライブパフォーマンスは、いつしか「ももクロらしい」としか言えない新たなアイドル像を作り上げた。

ももクロは事務所から次々と用意される大きな壁を何度も乗り越えてきた。観客がわずか数人の路上ライブから這い上がり、遂に「『紅白歌合戦』出場」という「夢」にも辿り着いた。

「いつも私たちの前にある大きな壁は、いつも私たちの夢でもあるんです」(※2)

けれど次々に夢を実現し尽くしたから「もう悪い大人は、私たちの前に壁を作ってくれない」(※3)。だったら自分たちで「壁」を作るしかない。そして彼女たちが作った「壁」が「嵐さんとかSMAPさんとかの女性版になりたい」(※4)である。

「いろんな世代の方が集まって一緒にバカ騒ぎしてるのが楽しくて。何歳になってもバカやってたいなって。いくつになってもいろんな世代の方がいろんな場所から集まってもら

える環境を作っていきたい」（※5）

彼女は「クラスのちょっとうるさい奴」のままそのクラスを日本中、世代を超えて拡げようとしている。

（※1）日本テレビ「THE Q」2013年11月10日
（※2）ライブ「ももいろクリスマス2014」2014年12月25日
（※3）ライブ「ももクロ春の一大事2014」2014年3月16日
（※4）フジテレビ「ボクらの時代」2015年5月3日
（※5）ライブ「ももクロ夏のバカ騒ぎ2014」2014年7月27日

「あんなに命懸けで人の胸を揉んだことはありません」

安田顕

（フジテレビ「有吉弘行のダレトク!?」２０１６年１月26日）

映画「俳優　亀岡拓次」に主演した安田顕。作品の中で大女優・三田佳子の胸を揉むシーンがあったという。相手は「超」の付く大御所女優。「あんなに命懸けで人の胸を揉んだことはありません」と振り返る。

２０１５年は安田にとって飛躍の年だったと言えるだろう。ドラマ「問題のあるレストラン」（フジテレビ）では女装するゲイ役を演じ、北野武監督作品「龍三と七人の子分たち」にも半グレのボスとして出演、ドラマから映画化された「みんな！エスパーだよ！」では、ドラマ版に引き続き、変態チックな教授を演じた。そして高視聴率を記録したドラマ「下町ロケット」（ＴＢＳ）で主人公の町工場の技術開発部長役で強烈な存在感を示した。ちなみに「みんな！エスパーだよ！」でも、「胸を揉む」役だ。助手を演じる神楽坂恵の胸を常に揉んでいるという役柄だった。それを演出していたのが園子温。神楽坂の夫だ。旦那の目の前で奥さんの胸を揉むという異様な現場を体験したのだ。

安田の名前が知れ渡ったのは、彼が所属するTEAM NACSのメンバーである大泉洋が出演していた北海道のローカル番組「水曜どうでしょう」だった。そこで安田は北海道テレビのマスコットキャラクター「onちゃん」の着ぐるみを被って出演。牛乳を〝リバース〟する（吐く）人として人気を得た。そこから安田の芸能人生が始まった。だから顔は二枚目でありながら三枚目を演じることをいとわない。それどころかあるファンイベントで「安田顕を一言で表すと何？」というアンケートでは1位「変態」、2位「裸」、3位「オナラ」という票が集まるほどだ。

「あの人たち（ハリウッドスター）だって家に帰ればだらけて寝そべって鼻くそほじってるかもしれません。見せないだけであってね。僕の場合は家に入る手前で寝そべって、鼻くそほじくっちゃっているのを見られているだけ（笑）」（※1）

一流の役者なら私生活すら〝演じる〟ことができるかもしれない。けれど安田は自分の変態性や三枚目感を隠すことができないのだ。

「自分は今はまだ役者を志している段階」だと安田は言う。

「僕、芸能界に入ったつもりがないんです。いわゆる『芸能界』という世界が垣間見えない、まだ」（※2）

彼がたどってきた道はいわゆる俳優の本道ではないかもしれない。だが、だからこそ彼は「変態俳優」と呼んでしまいたくなるような〝汚れ役〟も迷わず演じることもできる。そして、役者たちの中で強烈な異物感を放つことができるのだ。

（※1）『アクターズ読本』（洋泉社）

（※2）日本テレビ「火曜サプライズ」2016年1月26日

「なんでだよ！　って1回練習したんだけど、俺、顔が真っ赤になっちゃって」

矢作兼

（フジテレビ「さんまのお笑い向上委員会」2015年5月16日）

関西には「なんでやねん！」とツッコむ文化が脈々と流れている。しかし、東京にはそれがない。関東のお笑い芸人が漫才を始める時、必ず直面する問題がどのような言葉でツッコむか、だ。おぎやはぎも例外ではない。一度試しに矢作兼が小木博明に「なんでだよ！」とツッコんでみた。「顔が真っ赤に」なってしまった。結局、矢作はツッコむことをやめ、「小木、俺はそう思わないよ」と優しく訂正する独特な漫才スタイルが完成したのだ。

この漫才スタイルが象徴するように、おぎやはぎはいわゆる「芸人」という感じがしない。「芸人はかくあるべき」という狭い意味での「芸人らしさ」という固定観念に対し薄ら笑いを浮かべているかのようだ。たとえばまだ売れていない若手時代から、ネタ見せには外車で乗り込み、ゴルフに興じる。時計やクルマを好み、若い時から「いい物」に自然とお金をかけているから、おしゃれをしても、高級なものを語っても品があって成金臭がしない。極めつけは、仕事が無い時期から仕事を選んでいたというのだ。

「サラリーマンを辞めて芸人になった理由がね、『楽しそうだから』でしょ？」「『なんかイヤだな』と思う番組に出るとさ、サラリーマンがイヤな仕事を頭下げてやってるのと変わんないじゃん」（※1）

けれど普通は仕事が来なくなるのが怖くて思っていてもできないものだ。

「それはだって、そういう依頼が来たってことは『ほかからも来る』って思うじゃない」（※1）

そんな余裕はなかなか持てない。その余裕はどこから来るのか。

矢作は自著でこう書いている。「楽をするために脳みそをフル回転させて必死に努力する」（※2）と。

矢作は毎年「凄く緩やかな階段を一歩上がるくらいの軽い目標」を作るのだという。「絶対に達成できそうなやつ」を。

「ずっとこういう感じでちょっとずつ緩やかに登ってたんだよ。このままのペースで行く

と20年後にはトップになってるよね（笑）」（※1）

そこには「芸人らしい」貪欲さは皆無だ。いかに自分らしく「楽」に「楽しく」やっていくか。そのために大切なのは相方がボケたら「なんでだよ！」とツッコむといった「芸人」のルールに縛られないことだ。そうしてできあがったのが唯一無二の「おぎやはぎ」らしさだ。芸人らしさなんて必要ない。なぜなら唯一無二な存在こそが芸人なのだから。

（※1）「ＫＡＭＩＮＯＧＥ」ｖｏｌ・13

（※2）『地味ですが何か？』おぎやはぎ（扶桑社文庫）

「僕たぶん、稀にみるギャグのない芸人ですから」

矢部浩之

（フジテレビ「とんねるずのみなさんのおかげでした」2015年7月2日）

いまやフジテレビの看板番組「めちゃ×2イケてるッ！」の仕切り役を任されている矢部浩之だが、元々は「『俺たちは漫才師だ』とか『コントでは絶対負けへん』みたいに〝ナインティナインといえばこれだ〟って言える、芸人としての絶対的なものを持っていない」（※1）などと語るように芸人としてのコンプレックスの塊だった。漫才やコント、そしてギャグといった芸人が本来持っていなければならないとされるネタをほとんど持っていないのだ。ドッキリで落とし穴に落とされてリアクションを求められても「稀にみるギャグのない芸人ですから」と自虐で笑わせる。

ナインティナインはデビュー直後に吉本のユニット「吉本印天然素材」のメンバーに抜

躍。ダンスなどを交えた笑いは若者を中心にアイドル的な人気を一気に獲得した。一方でお笑いファンや芸人仲間たちからはそんなアイドル的な売り出し方に反発もあった。その嫌悪感を最も強く抱いていたのは、他でもない、メンバーのひとりである矢部だった。

「俺自身が天然素材一番嫌いやった」（※2）と。踊りも苦手、ツッコミ役には先輩の雨上がり決死隊・蛍原徹がいる。何も役割がなくなった矢部は最後、演出家からきぐるみを着せられた。

当時の矢部は「吉本のブラピ」などと言われ男前芸人のはしりだった。しかし、矢部はそれが嫌で必死に顔を崩した。だからこの頃、雑誌などに掲載された矢部の写真は無理やりおどけて変な顔をしたものばかりだ。「『俺もおもしろくないといけない』と思い込んでた」（※3）のだ。しかし岡村隆史の強烈なキャラによって多くの番組のゲストに呼ばれ始め、明石家さんま、今田耕司、東野幸治ら錚々たる先輩芸人と絡み鍛えられる中で矢部は吹っ切れた。

自分が面白いと思われなくてもいい。むしろ、そうでないほうが岡村の可笑しさが引き立つことが分かってきたのだ。

「岡村隆史の面白さって、隣にまともな人がおるだけで成立するんやもん。究極なこと言

うと、ツッコミがおらんでもええねん。ひとりでいるだけで十分面白いわけやから」（※4）

だから矢部浩之はいつも岡村の横にいてニヤニヤ笑っている。ギャグも気の利いたフレーズもいらない。それ以上付け足す必要がない。ただ横で笑うことこそが岡村隆史を最も面白く見せる最高のツッコミなのだ。

（※1）『別冊ザテレビジョン 吉本印』（ＫＡＤＯＫＡＷＡ）
（※2）フジテレビ「もしもツアーズ」２０１５年4月4日
（※3）『ナインティナインの上京物語』黒澤裕美（大和書房）
（※4）「マンスリーよしもと」２０１２年10月号

「人のふんどしで相撲をとる。それが私のポリシーですから」

山崎弘也

（テレビ朝日「アメトーーク！」2014年9月25日）

「俺たちは人のをやるだけだから」

ザキヤマことアンタッチャブル・山崎弘也《ひろなり》はそう言って、躊躇なく他人のギャグをパクる。しかも、全力で過剰に、そして繰り返しやることで、いつの間にか本家より面白いものにアレンジしていくから、たちが悪い。けれど、同時に山崎にパクられることで、そのギャグが再評価されることもあるため、逆に自分のギャグをパクって欲しいという芸人まで出てくる珍現象も起きている。だから堂々と「人のふんどしで相撲をとる」ことが自分のポリシーだと言い放つのだ。

彼はある一面で言えばひな壇バラエティの申し子だ。フリもできるしオチも決める。ガヤも多彩だ。だが、ひな壇の〝お約束〟を過剰にしつこく繰り返すことで、その〝お約束〟

を飄々とぶち壊す。「からの〜？」に代表される相手への無茶ぶりや、スベることも恐れず小学生レベルの小ボケでも、わずかな隙があればどんどん挟み込んでいく。そこには山崎の「スベってチャラ、ウケてラッキー」（※1）というもうひとつのポリシーが潜んでいる。人と人の壁を強引にこじ開け、エゴイスティックな笑いを作り出していく。そうしてひな壇の中で唯一無二な個性と存在感を獲得していった。

「あいつほど人見知りはいないってくらい、人見知り」（※2）

人見知りの対極にいるように見える山崎だが、彼を昔からよく知るおぎやはぎの矢作兼がそう証言するように、実は極度の人見知りでもある。それを克服する時、山崎はこう考えた。人見知りは他人の気持ちを読むことで、こう言ったら相手に嫌われるのではと話すのを躊躇する。だが「嫌われちゃうって思うことは、嫌われてないと思ってる」ということだ。「もうすでに、嫌われてるんですよ？（人見知りの人は）嫌われてないと思ってるという傲慢さがあるんです」（※3）と。そう、最初から嫌われているのだ。その覚悟と諦めが類まれなハートの強さを生み出した。

山崎はアナウンサーからされた「笑いとは？」という根源的な質問に対して「逆にあなたに聞きたい」と言った。「芸人の『お笑いとは？』よりも、一般の人のお笑い観を知りたいですよ。そこに（照準を）当てて行きたい」（※1）と。

他人のギャグをパクったり、流れを無視して無茶ぶりするのは芸人としては褒められる芸ではないかもしれない。けれど一般の視聴者にとってそんなことは関係がない。その場が面白いのが一番だ。それこそを山崎は追求し続けている。

（※1）TBSラジオ「たまむすび」2013年10月21日

（※2）TBSラジオ「おぎやはぎのメガネびいき」2009年11月24日

（※3）テレビ朝日「アメトーーク！」2009年11月19日

「努力賞以外で勝とうなんて この世界無理ですよ、我々は」

山里亮太

（日本テレビ「ナカイの窓」2015年8月19日）

「〝山ちゃん以前〟、〝山ちゃん以後〟で漫才のツッコミの歴史が分かれている」

芸人仲間であるオードリーの若林正恭にそう評価される南海キャンディーズ・山里亮太のツッコミフレーズ。それを膨大な数準備しているという山里が「努力は見切れちゃいけないけど、それぐらいしないと無理です。隙間なんてないんですから」と語った上で自分たちのような才能では「努力賞以外で勝とうなんて無理」と言うのだ。

山里が最初に壁にぶち当たったのは、吉本興業の養成所NSC時代だった。同期にキングコングがいたのだ。彼らは、在学中から注目を浴び、卒業後すぐに「はねるのトびら」（フジテレビ）のレギュラーに抜擢され瞬く間にスターになっていった。才能の差を嫌というほど見せつけられたのだ。

そもそも山里が芸人を目指すきっかけは、友人から「山ちゃん、時々おもしろいこと言うからお笑いやってみたら」と言われたことだったと自著『天才になりたい』（朝日新書）で述懐している。普通人は「時々」おもしろいと言われたからってプロになろうとは思わない。しかし山里は、その「時々」をよりどころにすることで、才能があると自分に信じ込ませた。「張りぼての自信」を必死の努力で築き上げたのだ。周りに「天才」だと思わせることができれば、自分自身が自らを「天才」だと思い込める。だから山里は「奇抜なこと」をしようとした。しかし、本当の天才は「したことが奇抜」ととらえられる。それは大きな違いだった。

そんな山里の意識を変えたのが相方・しずちゃんとの出会いだった。しずちゃんの強烈なキャラクターは、自分を「天才」だと見られたい思いから解放されるに十分だった。「おもしろい人の隣にいる人」というポジションを得た山里は、自分を最も活かせる手段として数多くのオリジナリティあふれるツッコミフレーズを生み出したのだ。

「緊張を無くす方法って、『信じらんない自信』しかないじゃないか。その自信をどうして作ったらいいかって言うと、『うわ、俺、信じらんないくらい頑張ってるな、信じらん

ないくらい努力したな』っていう、その証以外は、緊張を解きほぐすものってないと思うんですよね」（※1）

2004年の「M‐1グランプリ」で南海キャンディーズは「天才」には似つかわしくない必死の努力を重ねて決勝に進出した。そして「天才」だと誰よりも思われたい「努力の人」山里は、審査員の島田紳助にこう評価された。

「天才やと思ってる」

（※1）TBSラジオ「山里亮太の不毛な議論」2015年2月18日

「待たせたな！」

山本耕史

（NHK「あさが来た」2015年10月14日）

NHKの朝ドラ「あさが来た」で土方歳三役として出演した山本耕史。

「待たせたな！」

彼がそう発し登場した瞬間、多くの大河ファンは「待ってました！」と快哉を叫んだに違いない。なぜなら、そのセリフは2004年のNHK大河ドラマ「新選組！」の土方そのものだったからだ。山本は10年余り前に土方役を演じ、ファンの心をワシづかみにした。実は「あさが来た」での土方登場シーンは「新選組！」の脚本家だった三谷幸喜が、わざわざ書き下ろしたという。

当初の脚本だと、土方のキャラが「新選組！」のそれと微妙に違っていた。そのため、山本本人がプロデューサーの承諾を得て、三谷に書き直すように頼んだそうだ。視聴者が何を期待しているかを熟知し、それに応えた結果だ。

そう、山本耕史は〝期待に応える男〟だ。その「新選組！」の現場でもそうだった。山本耕史が主演の香取慎吾の携帯電話の番号を〝盗んだ〟のは有名な話だ。普段、共演者にはまったく心を開かないことで有名な香取慎吾の心の扉をストーキングまがいの強引なやり方でこじ開けたのだ。

実はこれも共演者の佐藤浩市からの期待に応える行動だった。佐藤は香取に対し人付き合いが苦手なタイプだと見抜いていた。長丁場の大河ドラマ。座長がそれではもたないと思い佐藤は山本に囁いた。

「お前、腹心役なんだから、なんとかしろよ」（※1）

山本がその期待に応えた結果、誰とも交流を持たなかった香取がその後十数年にわたり忘年会に参加するまでになったのだ。香取はそれまで共演者たちと飲みに行く人たちを見て自分ではやりたくないが「ちょっといいな」と思っていたという（※2）。やはり香取も心のどこかで壁を破ってくれる人が現れないか期待していたのだ。「大河ドラマをクリア出来たのも山本耕史のおかげ」と香取は賞賛する。「そこからの僕の人生もだいぶ変わってます」（※3）と。

「ストーカー」呼ばわりされている堀北真希に対する求婚の仕方もそうだったはずだ。山本は実際に付き合う前から香取に「結婚する」と宣言していたという。それはきっと彼女が〝期待〟していることを確信していたからだろう。彼は彼女の期待に応え「待たせたな」とでも言うようにプロポーズしたに違いない。そうして香取慎吾と堀北真希という難攻不落の心を盗んだ山本耕史はやはり期待通りにキメてみせた。

「僕は完全なる怪盗なんで絶対に盗んだものは返さない」（※2）

（※1）「デジモノステーション」2013年11月号

（※2）フジテレビ「おじゃMAP!!」2015年10月14日

（※3）フジテレビ「ボクらの時代」2015年10月18日

「心臓が動いてる根拠が欲しかったんです。電池ならもう電池でいい」

吉田敬（日本テレビ「いろもん極」2015年10月14日）

ブラックマヨネーズは全国区でのブレイク前、関西で「240連勤」するなど多忙を極めた上、給料は激安だった時期がある。そんな生活の中で、吉田敬は精神を病み、考えすぎてなにもかもに不安を感じる心配症の極地のような状態になった。夏でも寒くて布団をかぶって寝て、心臓もなんで動いているか分からない、いつ止まってもおかしくないと考えるようになった。「心臓が動いてる根拠が欲しかった」というところまで追い詰められていた。「電池ならもう電池でいい」と。

当時、関西の演芸界では「M-1グランプリ」の決勝に出ているか、出ていないかで「差別」されるような格差があったという。この大会が始まった当初はどうせ〝大人の都合〟

で出場者が決まっていくのだろうと高を括り予選に全力を注がなかった。だが、第一回大会の決勝進出者を見て愕然とする。チュートリアルやフットボールアワー、麒麟といった昨日まで自分たちと一緒に劇場に出ていた当時無名の若手たちが、憧れの松本人志や島田紳助の前で漫才をしていたのだ。

そこから、彼らは「M－1」に向けて意識を変えて本腰を入れたが、なかなか準決勝から決勝の壁を超えられずにいた。吉田が精神を病み始めたのはこの頃だった。

転機になったのはレギュラーを務めていたラジオ番組だった。そこで吉田は、自分が抱いている不安や不満を小杉に話し始めた。それに対し、小杉も本気で叱り、ツッコんだ。このフリートークが評判を呼んだのだ。本人たちも、自分らが作った漫才のネタよりも、ラジオのフリートークのほうが手応えがあった。

だったら、このフリートークをそのまま漫才にしたらいいのではないか。

二人はそう考えた。するとそれまでとまったく違う漫才が生まれたのだ。それは「僕は考えすぎる僕のまんまやし、むちゃくちゃなんは小杉やし」と吉田が言うように二人の個性に合致した漫才とフリートークが地続きな「ボケ・ツッコミ（の役割）じゃなくて吉田と小杉がやるから成立する漫才」（※1）だった。果たして、ブラックマヨネーズは

2005年の「M‐1」を圧倒的な強さで制することになった。そしてその後、漫才のようなフリートークでブラックマヨネーズはブレイクしたのだ。

実は精神を病んでいた頃、吉田は家族や小杉宛に「遺書」を書いていた。それを知った小杉は絶句する。「俺、死ぬ気がしてん」と涙ぐむ吉田に小杉は心底安堵したようにつぶやいた。

「良かったぁ、（M‐1）獲って……」（※2）

（※1）テレビ朝日「お願い！ランキング」2011年3月1日

（※2）テレビ朝日「お願い！ランキング」2010年11月6日

「スベるかスベらないかじゃなく、やるかやらないか」

レイザーラモンＲＧ

（日本テレビ「ナカイの窓」２０１４年6月25日）

「一発ギャグの達人」たちが集まり次々と得意のギャグで爆笑をさらう中、レイザーラモンＲＧのギャグにだけは微妙な空気が流れていた。司会の中居正広から「焦らないの？　あ、これウケない、とか」と問われたＲＧは堂々と言い放った。

「スベるかスベらないかじゃなく、やるかやらないか」

「〝ギャガー〟随一のハートの強さ」と言われる所以である。

「人生すごろくや！」

かつて東野幸治は、レイザーラモンをそう評した。住谷正樹の「ＨＧ」というキャラが大ブレークしたため、出渕誠《いずぶち》がそのキャラをパクリ、「ＲＧ」となって〝便乗〟した。「お荷物」などと揶揄されながらも強心臓を武器に「あるある」を歌い続け、いつしかＲＧは

「市川AB蔵」などのキャラでプチ・ブレークを果たした。ちょうどその頃になると、「HG」の人気は低迷。今度は「市川AB蔵」に便乗するように、HGが「市川CD蔵」に扮したのだ。それはまさに、「人生すごろく」と呼ぶにふさわしい変遷だった。さらにその後、二人は漫才を再開。2013年の「THE MANZAI」では決勝進出まで果たしたのだ。

「HGやりました、あるあるやりました、プロレスやりました。全部漫才のためだったのかなと」(※1)

RGは「あるあるバスツアー」や「あるある」をオールナイトで歌い続けるライブなど独特で精力的な活動で話題を振りまき続け、テレビでもワンポイントの切り札的出演でその場を「楽しい」空間に変えていた。

「レイザーラモンとして求められてるものって、ぶっ壊すことだと思うので」(※1)

その言葉通り、レイザーラモンは日本一の漫才師を決める「THE MANZAI」で、モデルに扮したHGの服を脱がし、パンツ一丁にした。それはいま主流の、ボケの手数を詰め込んだ緻密な漫才とはまったく違っていた。センスのある発想とも無縁だった。レイザーラモンの17年間が凝縮された漫才は、ただ「楽しい」だけの漫才だった。

その楽しさは周りを否応なく巻き込んでいく。それは彼らが「前に出ることをやめなかった」(※2)からだ。

「周りを巻き込むというのは、怒られない空間を広げていくっていうことなんですね。楽屋でウケている感じを、ずっと広げていければと思っています。究極的には、日本全国が僕らの楽屋になればいい。楽屋だったら怒られないから」(※2)

日本中が〝楽屋〟ならスベっても関係ない。勇気を持って楽しいことをやり続ければいいのだ。

(※1) WEB「お笑いナタリー」2013年12月4日
(※2) WEB「日刊サイゾー」2014年2月19日

「自分で思ってるんです最近。とんでもない人間だな俺って」

若林正恭

（フジテレビ「さんまのまんま」2015年9月27日）

「みぞおちが熱くなるような恋愛をしたことがありますか？」

明石家さんまを相手に唐突に中学生のような恋愛相談を持ちかけるオードリー・若林正恭。自分はちゃんと恋愛ができない「とんでもない人間」だと自覚したと言うのだ。

「だって愛しもしないくせに愛してほしいんです。愛せる人間になりたいです、人を」

さんまに「若林はちゃんと（女性を）愛せない。昔からやで」と指摘されて「嬉しいですね」となぜか感激する。

「さんまさんが俺のそんなインサイドを見てくれてるって」

憧れの存在であるさんまに自分の内面をしっかり見てもらっていたことが嬉しかったの

だ。

若林は面倒くさい人間である。たとえば２００９年に出演したトーク番組でこんなことを語っていた。最近、スタッフや先輩に「今、お前大事な時期だからな」と言われる、と。当時、オードリーは前年末の「Ｍ－１グランプリ」で準優勝したのをきっかけに春日俊彰のキャラが大ブレイク。まさに「大事な時期」だった。もちろん、スタッフや先輩も心の底からそう思ってアドバイスしたはずだ。だが、若林はその言葉を素直に受け取らない。

「僕、みなさんと一緒で1回こっきりの人生を生きてるんですよ。だから生まれてから今日まで大事じゃなかった時期がないんです。俺の大事な時期を勝手に決めてくれるなと！俺が野垂れ死ぬようなことがあっても、ものすっごい大事な時期なんですよ！　高２の冬も大事だし、20歳の秋も大事だし、ずっと来年の夏もそうなんですよ！　それを勝手に決めてくれるな、と思ってね。許せないんですよね」（※1）

若林はせっかくの相手の好意的な態度を深読みし、ネガティブに捉えてしまっていたのだ。

そんな若林も、芸能界で揉まれ確固たる地位を築いた今、そのナナメにねじ曲がった性格も変わりつつある。「ミレニアムズ」（フジテレビ）は若林や山里亮太を始めとするメンバーの卑屈さを全面に押し出した番組だった。だからたとえば「ハロウィン」に毒づいたりする。だが、若林はもうそれにピンと来なくなっていた。「グアムでずっと『I LOVEグアム』ってTシャツ着て、ジェットスキー乗ったら信じられないほど楽しかった」(※2)と「ベタ」を素直に楽しめるようになったのだ。だから「心の健康状態は良い」と自著『社会人大学人見知り学部 卒業見込』(角川文庫)に綴りつつ、「だけど、空虚だ。大好きなおもちゃを取り上げられた子どものような気分だ」と複雑な心境を吐露している。

若林は今も心根は面倒で「とんでもない人間」のままだ。

(※1) フジテレビ「人志松本の○○な話」2009年4月21日
(※2) フジテレビ「ミレニアムズ」2015年1月31日

「食べ物がテレビに出てくる、感想を言うって、もう義務なんです」

渡部建

（日本テレビ「しゃべくり007」2016年1月18日）

いまや、グルメキャラでテレビ界にいなくてはならない存在になったアンジャッシュ・渡部建。近年、あだ名芸を〝封印〟している有吉弘行が渡部には珍しく自ら「飯食い」なるあだ名をつけるほどだ。そんな渡部がネプチューンやくりぃむしちゅーといった第一線の芸人たちがろくに感想を言わずに料理を食べているのを見て「感想を言うのは義務」だと叱責した。その後も、渡部は「サボりすぎ」「見せる食べ方をすべき」と先輩たちの食レポへの厳しいダメ出しを繰り広げたのだ。

アンジャッシュの代名詞は〝スレ違い〟コント。相方の児嶋一哉とお互いが勘違いしたまま話が進んでいくという緻密なネタだ。だからいわゆる〝コント職人〟のようなイメージがあった。そんなネタを武器にこれまでいくつものネタ番組を渡り歩いてきたのだ。思えばアンジャッシュは特異なコンビである。お笑い界にはある番組を契機に何度か若手芸人ブームが巻き起こっている。90年代以降でいえば、「ボキャブラ天国」（フジテレビ）がきっかけの「ボキャ天」ブーム、「爆笑オンエアバトル」（NHK総合）のネタブーム、「エンタの神様」（日本テレビ）のキャラ芸人ブーム、「爆笑レッドカーペット」（フジテレビ）のショートネタブームなどだ。じつはアンジャッシュはそのいずれにも出演し、ブームの渦中にいたのだ。ネタの強さゆえだろう。そのよくできたネタゆえ、中国の芸人がそのままパクるという珍事件も発生した。だが、彼らはネタで大ブレイクすることはできなかった。それは緻密な構成のネタが逆に災いし、テレビで何よりも大事な彼らの人間性が伝わらなかったからだろう。

いまでは、児嶋は名前を間違えられ「児嶋だよ！」とキレるというおよそ実力派芸人らしからぬ形でブレイク。渡部もグルメや恋愛ネタ、高校野球などのスポーツネタで地位を築いている。

「ボクら、ネタ作って、カッコよくスマートに売れて行きたかった。でもそんなことやってたらテレビには出られないって悟りました」（※1）

そして渡部は6年前、ある後輩芸人に宣言したという。

「俺はみんなが興味がある『恋愛・スポーツ・飯』、この3本柱で天下を取る」（※2）

まさに渡部はいま、その3本柱でテレビに引っ張りだこだ。芸人としての〝義務〟であるネタ作りに邁進しテレビの経験を積んだことによって、テレビタレントとしての〝義務〟である、視聴者目線で人間性をさらけ出すというテレビ芸を身につけたのだ。

（※1）『テレビお笑いタレント史』山中伊知郎：監修（ソフトバンククリエイティブ）

（※2）ＴＢＳ「時間がある人しか出れないＴＶ」２０１５年12月29日

文春文庫

人生《じんせい》でムダなことばかり、
みんなテレビに教《おそ》わった

定価はカバーに
表示してあります

2017年3月10日　第1刷

著　者　戸《と》部《べ》田《た》　誠《まこと》
（てれびのスキマ）

発行者　飯窪成幸
発行所　株式会社　文藝春秋

東京都千代田区紀尾井町 3-23　〒102-8008
TEL　03・3265・1211
文藝春秋ホームページ　http://www.bunshun.co.jp

落丁、乱丁本は、お手数ですが小社製作部宛お送り下さい。送料小社負担でお取替致します。

印刷・大日本印刷　製本・加藤製本

Printed in Japan
ISBN978-4-16-790821-8